Albert Westerburg

Beiträge zur Lehre vom Urteil

zwei zivilprozessualische Abhandlungen

Albert Westerburg

Beiträge zur Lehre vom Urteil
zwei zivilprozessualische Abhandlungen

ISBN/EAN: 9783744667807

Hergestellt in Europa, USA, Kanada, Australien, Japan

Cover: Foto ©Suzi / pixelio.de

Weitere Bücher finden Sie auf **www.hansebooks.com**

Beiträge

zur

Lehre vom Urtheil.

Zwei civilprozessualische Abhandlungen

von

Albert Westerburg,

Landrichter zu Tuisburg.

Besonderer Abdruck aus Gruchot's Beiträge XXIV.

Berlin, 1880.

Verlag von Franz Vahlen

Mohrenstraße 13 14.

Seinem theuren Oheim

dem

Herrn Obertribunalsrath Dr. jur. Deul

gewidmet

vom

Verfasser.

Vorwort.

Die zwei nachfolgenden Abhandlungen sind bereits im diesjährigen Bande der Gruchot'schen Zeitschrift erschienen. Bei dem allgemeinen Interesse, welches die Lehre von der Abweisung angebrachter Maßen darbietet, glaubte ich die Erörterungen über dieselbe auch solchen Kreisen zugänglich machen zu sollen, welchen jene vorzugsweise für preußische Juristen bestimmte Zeitschrift nicht zu Gesichte kommt. Der zweite Aufsatz, über den Einwand der Klageänderung, steht mit der ersten Abhandlung in so vielfachem Zusammenhange, daß ich ihn nicht davon trennen mochte. Er trägt auch an sich für die junge Lehre vom Zwischenurtheil vielleicht Einiges bei.

Ich verhehle mir keineswegs, daß nicht bloß die Ergebnisse meiner Untersuchungen, sondern auch deren Methode vielfach auf Widerspruch stoßen werden. Indessen tröstet mich für alle Fälle die Erwägung, daß auch Irrthümer nicht werthlos für den Fortschritt der Wissenschaft sind, die ja nur aus der steten Bewegung und Reibung der Geister Leben und Kraft erhält. Für jede öffentliche wie private Belehrung, Berichtigung und Anregung werde ich ebenso empfänglich als dankbar sein.

Duisburg im März 1880.

Der Verfasser.

Inhalts-Uebersicht.

I.

Giebt es noch eine Abweisung in angebrachter Art?

§ 1.

In verschiedenen angesehenen Kommentaren zur Civilprozeß=
ordnung wird gelehrt, das neue Prozeßrecht kenne gar keine Abwei=
sung der Klage oder Widerklage in der angebrachten Art. Und zwar
tritt diese Meinung bald in dem kategorischen Postulate auf, jene Ur=
theilsart sei durch die C.P.O. überhaupt **grundsätzlich** abgeschafft,
oder sie erscheint wenigstens in der abgeschwächten Behauptung, die
Abweisung angebrachter Maßen sei in Zukunft thatsächlich nicht mehr
nothwendig, ja nicht mehr möglich, es sei keine Veranlassung dazu
mehr denkbar.

So heißt es bei Wilmowski und Levy, S. 264:

„Eine Abweisung „angebrachter Maßen" kennt die C.P.O.
nicht, auch ist ein praktisches Bedürfniß dafür nicht anzuerkennen.
Eine nicht schlüssige, bez. nicht gehörig substanziirte Klage ist nach
§ 296 Abs. 2[1] einfach abzuweisen. Der wirkliche, etwa bestehende
Klagegrund wird dadurch nicht konsumirt. Vgl. Entsch. Obertrib.
Bd. 79 S. 11."

Ferner bei Struckmann und Koch, S. 98 (erste Auflage)
in Note 3 zu § 130[2]:

---

[1] § 296 C.P.O. lautet:

Beantragt der Kläger gegen den im Termin zur mündlichen Verhandlung
nicht erschienenen Beklagten das Versäumnißurtheil, so ist das thatsächliche münd=
liche Vorbringen des Klägers als zugestanden anzusehen.

Soweit dasselbe den Klageantrag rechtfertigt, ist nach dem Antrag zu erken=
nen; soweit dies nicht der Fall, ist die Klage abzuweisen.

[2] § 130 C.P.O. lautet:

„Der Vorsitzende hat durch Fragen darauf hinzuwirken, daß unklare Anträge

„Durch das Wort „hat" (in § 130 Abs. 2), welches auf Be=
schluß der R.J.K. an die Stelle des in den Entwürfen stehenden
„kann" gesetzt wurde, ist deutlich ausgedrückt, daß das Fragerecht
nicht bloß ein Recht, sondern auch eine Pflicht des Vorsitzenden
ist. Demnach stellt sich, wenn von dem Fragerecht der volle, im
Gesetz vorgesehene, Gebrauch gemacht wird, für die Zukunft die
namentlich im gemeinrechtlichen Prozesse oft vorkommende Abweisung
einer Klage „in angebrachtem Maße", „in angebrachter
Art" u. s. w. wegen ungenügender Substanziirung als unmöglich
dar. Denn der Vorsitzende bezw. das Gericht ist verpflichtet, ver=
möge des Fragerechts auf eine Ergänzung der ungenügenden Sub=
stanziirung durch die Partei hinzuwirken, und, wenn die letztere
seiner Aufforderung nicht nachkommt, die Folgen der Nichtbeantwor=
tung der Frage selbst zu beurtheilen."

Derselbe Gedanke kehrt in verschiedenen Variationen in popu=
lären Darstellungen des neuen Prozeßrechts wieder; die Beseitigung
der „Abweisung in angebrachter Art" wird darin häufig als ein
Hauptvorzug des neuen Rechts gefeiert.

An allem dem ist aber nur das Eine wahr, daß bei einer ver=
ständigen Anwendung des richterlichen Fragerechts (§ 130) allerdings
die Nothwendigkeit, eine Klage in angebrachter Art abweisen zu
müssen, vielfach ausgeschlossen werden kann und wird. Dagegen
ist die Erwartung, dies werde in allen Fällen möglich sein, durchaus
unbegründet, und falsch, wenn behauptet wird, daß die C.P.O. das
Institut der Abweisung in angebrachter Art überhaupt grundsätz=
lich verwerfe.

Dies nachzuweisen, ist der Zweck des nachfolgenden Aufsatzes.

§ 2.

Die zu widerlegende Ansicht ist m. E. überhaupt nur möglich
bei einer unrichtigen oder wenigstens schiefen, nicht zur völligen

---

erläutert, ungenügende Angaben der geltend gemachten Thatsachen ergänzt und
die Beweismittel bezeichnet, überhaupt alle für die Feststellung des Sachverhält=
nisses erheblichen Erklärungen abgegeben werden.

Der Vorsitzende hat auf die Bedenken aufmerksam zu machen, welche in An=
sehung der von Amtswegen zu berücksichtigenden Punkte obwalten.

Er hat jedem Mitgliede des Gerichts auf Verlangen zu gestatten, Fragen zu
stellen."

wissenschaftlichen Klarheit durchgedrungenen Auffassung des Wesens und der eigentlichen juristischen Natur der Abweisung angebrachter Maßen. Die Dogmengeschichte dieses einzelnen Instituts zeigt zur Evidenz, wie durchaus nothwendig es ist, überall die Grundbegriffe unserer Wissenschaft in dialektisch=konstruktiver Weise festzustellen. Derartige Untersuchungen machen demjenigen, der überall nur so= gleich den praktischen Erfolg sehen will, allerdings oft den Eindruck bloß theoretischer Abstraktion oder gar Haarspalterei. Wer irgend weiter blickt, weiß, daß auf ihnen schließlich der ganze Aufbau un= serer Wissenschaft beruht, und daß Unterlassungs= oder Begehungs= sünden, die auf diesem Gebiete begangen werden, sich mit der zwin= genden Nothwendigkeit, die einmal dem Kausalitätsprinzip innewohnt, unfehlbar auch in den praktischen Resultaten rächen.[3]) Möchte man daher namentlich unter unseren Berufsgenossen sich abgewöhnen, auf solche Begriffsuntersuchungen mit dem überlegenen Lächeln der „Praxis" herabzusehen! Was man so oft lediglich seinem praktischen Takt oder seinem gesunden Menschenverstand zu verdanken glaubt, ist doch zumeist nur kritiklos angenommene frühere Theorie; das „tamquam e vinculis sermocinantur"[4]) trifft hier durchaus zu.

Die Erkenntniß des Wesens der Abweisung angebrachter Maßen ist namentlich durch zwei äußerliche Umstände sehr erschwert worden: durch die unglückliche Namensähnlichkeit, wonach die Abweisung in an= gebrachter Art nur eine Modifikation der Abweisung schlechtweg zu sein scheint, sodann durch den praktischen Gesichtspunkt, daß bei beiden Urtheilsarten gleichmäßig der Kläger nicht reüssirt, sondern mit der erhobenen Klage kostenfällig zurückgewiesen wird. Was lag hier — bei mangelnder juristischer Analyse des Wesens des Urtheils überhaupt wie des Wesens der Abweisung angebrachter Maßen insbe= sondere — näher, als daß beide Urtheilsgattungen mit einander konfun= dirt, ja identifizirt oder sogar geradezu verwechselt wurden! Und diese Gefahr mußte noch erheblich gesteigert werden, da einzelne ausdrück= liche Gesetzesaussprüche, an denen man sich hätte festhalten können, durchaus fehlten. Die Abweisung angebrachter Maßen ist ganz und gar ein Kind der Praxis, und zwar einer Praxis, welche, wie wir

---

sehen werden, auf innerer, wenn vielleicht oft auch nur mehr gefühl=
ten als bewußten Nothwendigkeit beruht, also echtes und vollgül=
tiges Gewohnheitsrecht. Wer im Einzelnen zu sehen wünscht, wie
das Gewohnheitsrecht ein Hauptmittel ist, um, allen äußeren un=
günstigen Umständen zum Trotz, die raison, die eigentliche innere
Vernunft des Rechts, zur Geltung zu bringen, und wer noch Zweifel
daran hat, daß der Hegel'sche Gedanke von der siegreichen Selbst=
entwicklung und Selbstbethätigung des dialektischen Begriffes ein
durchaus richtiger ist — der möge sich die Geschichte der Abweisung
angebrachter Art und namentlich ihre preußisch=rechtliche Entwicklung
näher betrachten!

Die Begriffsverwirrung, die innerhalb der preußischen Praxis
über die Abweisung angebrachter Maßen vielfach besteht und die
auf sehr erklärlichen Gründen beruht (vgl. unten § 5), spiegelt sich
zwar auch in der Literatur[5]) ab, tritt aber besonders grell in der
Rechtsprechung des Ober=Tribunals[6]) hervor. Während das Ober=
Tribunal früher[7]) (richtig) annahm, daß eine Abweisung in ange=
brachter Art nicht erfolge, um die Klage aus einem anderen Fun=
damente vorzubehalten, sondern wenn „aus den angebrachten That=
sachen der geltend gemachte Anspruch noch nicht folgt, wohl aber
aus dem ganzen Sachverhältniß ersichtlich ist, daß eine Vervollstän=
digung des Faktums in Aussicht steht, dessen Geltendmachung die
Klage rechtfertigen würde," also bei nicht genügend substan=
ziirter Klage, und während es dementsprechend (richtig) annehmen
mußte[8]), daß eine Abweisung angebrachten Maßen überhaupt niemals

---

[5]) Vgl. besonders: Westerburg, die Abweisung in angebrachter Art nach
gemeinem und preußischem Recht. Brilon. 1874. Förster in Gruchot's Bei=
trägen II S. 343 ff. Derselbe: Theorie und Praxis I S. 271 (3. Aufl.). Koch,
Prozeßordnung 6. Auflage S. 21 Note 42. — Die frühere Literatur siehe in
Rönne's Ergänzungen und Erläuterungen (4. Aufl.) Bd. III. S. 216 (hervor=
zuheben besonders Arndts in dessen juristischer Wochenschrift Jahrgang 1846
S. 226 ff.).

[6]) Vgl. besonders die Nachweisungen bei Westerburg l. c. S. 17 ff. Striet=
horst Archiv 2 S. 303; 11 S. 294; 26 S. 24; 37 S. 344; vor Allem aber
75 S. 250. — Entscheidungen R.O.H.G. V. 35.

[7]) Entsch. vom 30. April 1844, mitgetheilt von Arndts a. a. O., Wester=
burg S. 19 unter b.

[8]) Entsch. aus dem Jahre 1844, mitgetheilt von Arndts a. a. O. S. 446,
Westerburg l. c. S. 18.

die exceptio rei judicatae erzeugen könne: hat später das Ober-Tri-
bunal seine Ansicht geradezu gewechselt und in einzelnen Senats-
entscheidungen wie im Plenum die Theorie aufgestellt: die Abweisung in angebrachter Art erfolge nur, um dem Kläger, der aus
einem falschen Fundamente geklagt habe, die Klage aus dem richtigen
Fundamente offen zu halten, dagegen sei eine nicht gehörig substanziirte Klage definitiv abzuweisen, gerade so wie eine nicht mit den
gehörigen Beweismitteln unterstütze Klage definitiv abgewiesen werden müsse.⁹) Da nun der Klage aus einem andern Fundamente,
weil sie selbst eine andere ist, die exceptio rei judicatae überhaupt
nicht entgegen stehen kann,¹⁰) für sie also ein Vorbehalt, wie er in
der Abweisung angebrachter Maßen liegen soll, ganz überflüssig,
also juristisch sinnlos ist, so mußte man von dieser Ansicht des Ober-
Tribunals folgerichtig weiter dahin kommen, jeden materiellen
Unterschied zwischen der Abweisung angebrachter Maßen und der
puren Abweisung einfach zu leugnen. Die letzte Konsequenz war
dann, auch aus der Abweisung angebrachter Maßen gegen die
wiederholte Klage aus demselben Fundamente die exceptio rei judicatae zu gewähren. Dies ist in der That in der Praxis vielfach
geschehen; in unzweideutigster Weise ist diese Ansicht zur Geltung
gebracht in der am Anfang meiner bereits zitirten „Abweisung"
abgedruckten appellationsgerichtlichen Entscheidung, worin es heißt:

„Durch die Zurückweisung einer Klage in der angebrachten
Art soll dem Kläger nur die Anstellung einer neuen Klage aus
einem andern Fundamente ausdrücklich vorbehalten, nicht aber
entgegen der Vorschrift der §§ 65 und 66 der Einleitung in die
Prozeßordnung das Recht zuerkannt werden, den durch das Erkennt-

---

⁹) Plenarentsch. vom 8. Juli 1869 (Striethorst 75 S. 275 ff.). Die Entscheidung schließt mit den Worten: „Nach allen diesen Allegaten mag es für das
Gebiet des preußischen Prozesses als anerkannt betrachtet werden, daß ein Kläger,
welcher seine Klageanträge nicht gehörig substanziirt oder das von ihm zu erbringende thema probandum nicht mit den gehörigen Beweismitteln unterstützt
hat, nicht in der angebrachten Art, sondern definitiv zurückzuweisen ist. Wie es
in dieser Hinsicht auf dem Gebiete des gemeinen Prozesses sich verhalte, mag hier
dahingestellt bleiben, jedoch beiläufig erwähnt werden, daß in der Entscheidung
des fünften Senats vom 19. April 1864 (Striethorst's Archiv Bd. 54 S. 209)
der Ausspruch geschieht: der Grundsatz, daß eine nicht substanziirte Klage pure
abzuweisen sei, lasse sich in dieser Allgemeinheit als richtig nicht anerkennen."
¹⁰) Westerburg l. c. S. 5.

niß aberkannten Anspruch aus dem in dem entschiedenen Prozesse aufgestellten Fundamente von Neuem einzuklagen."

Andererseits hat wieder das Ober = Tribunal in anderen Entscheidungen an sich richtig, aber in innerem Widerspruch mit der oben mitgetheilten Plenarentscheidung, gelehrt und entschieden, daß, wenn die Abweisung angebrachter Maßen nach Inhalt der Entscheidungsgründe nicht wegen Aufstellung eines unrichtigen Klagefundamentes, sondern wegen Mangels spezieller Begründung (also wegen mangelnder Substanziirung) erfolgt sei, der neuen, in der Art, wie es nach den Motiven der Abweisung erfordert worden, begründeten Klage der Einwand rechtskräftig entschiedener Sache nicht entgegenstehe. [10a])

Der Verwirrung der Praxis, welche sich fast noch mehr in den Entscheidungsgründen[11]) als in der schwankenden Rechtsprechung selbst abspiegelt, geht parallel der Streit der Theorie. Koch[12]) nennt die zuletzt mitgetheilte Entscheidung des Ober=Tribunals unjuristisch und lehrt geradezu: „Wenn Jemand die richtige Klage gebraucht und den Sachverhalt so ungeschickt vorträgt, daß der Richter sich nicht überzeugen kann, so ist es so gut, als wenn er sie nicht bewiesen hätte; die Klage (actio) ist konsumirt. Wo wäre sonst das Ende des Prozessirens (§ 65 der Einleitung zur A.G.O.)?" Eine Reihe früherer Schriftsteller[13]) perhorreszirt überhaupt das ganze Institut der Abweisung angebrachter Maßen; sie sei in den Gesetzen nicht begründet, daher unzulässig, auch nicht nöthig; der in ihr liegende Vorbehalt sei überhaupt wirkungslos oder gebe wenigstens keine absolute Sicherung gegen die exceptio rei judicatae; oder aber umgekehrt: die exceptio rei judicatae sei in den Fällen, wo auf Abweisung in der angebrachten Art erkannt zu werden pflege, ohnehin unzulässig und daher ungefährlich. Es ist unverkennbar, daß alle diese Schriftsteller den Zusammenhang zwischen der Abweisung angebrachter Maßen und der res judicata zwar fühlen, aber sich nicht

---

[10a]) Striethorst Bd. 11 S. 294, Koch, Prozeßordnung S. 21 unten.

[11]) Vgl. die ausführliche Darstellung in dem Erk. vom 8. Juli 1869 (Striethorst Bd. 75 S. 250), mitgetheilt bei Westerburg l. c. S. 18 ff. Namentlich der in Note 9 oben mitgetheilte Schlußpassus ist sehr bezeichnend.

[12]) a. a. O. S. 21.

[13]) Vollständig mitgetheilt bei Rönne a. a. O. (Grävell, Wilke, König, Dorguth, Diterici).

zum klaren Bewußtsein gebracht haben. Einen richtigen Gesichtspunkt machte bereits Arndts[14]) geltend, wenn er lehrte:

„Jenes Verhältniß der Abweisung angebrachter Maßen wird
indessen nur dann erkennbar, wenn der Zusammenhang der erwähnten
Erkenntnißform mit der Bedeutung der res judicata aufgefaßt wird.
Ihre, der Abweisung angebrachter Maßen, Erforderlichkeit besteht
darin, zu verhindern, daß das gerichtliche Erkenntniß nicht res
judicata hervorbringe. Eine definitive Entscheidung schließt es aus,
denselben Anspruch aus demselben Klagegrund noch einmal geltend
zu machen. Dies bleibt dagegen offen, wenn nur angebrachter
Maßen abgewiesen worden ist. Hierdurch erhält diese Erkenntnißform die ihr gebührende Stelle. Ein an sich begründeter Klageanspruch ist unvollständig vorgetragen; es mangelt die Angabe faktischer
Umstände, die hinzutreten müssen, um dessen Geltendmachung zu
rechtfertigen. Der Kläger kann daher nicht durchdringen, wenn er
seine Klage nicht zu vervollständigen vermag. Wird in einem
solchen Falle eine definitive Abweisung ausgesprochen, dann ist sein
Klagegrund verworfen, er bleibt ihm erhalten, wenn er nur angebrachter Maßen zurückgewiesen war."

Aber es ist klar, daß Arndts nicht bis zum eigentlichen
Wesen des Instituts durchdringt.

Schon viel näher kommt demselben Förster in seiner Abhandlung bei Gruchot Bd. 2 S. 349 ff. Jedoch hat sich auch ihm die
eigentliche juristische Natur der Abweisung angebrachter Maßen nicht
erschlossen. Neben vielen richtigen Bemerkungen, wie: daß die Abweisung angebrachter Maßen statthabe, wenn die Klage in thatsächlicher Beziehung nicht vollständig substanziirt sei, daß hingegen
die Klage definitiv abzuweisen sei, wenn sich herausstelle, daß aus
einem falschen Grunde geklagt sei oder wenn der Klagegrund nicht
erwiesen sei, finden sich unrichtige Behauptungen, wie: daß die
Klage auch definitiv abgewiesen werden müsse, wenn sie gar nicht
substanziirt oder wenn eine unzulässige Aenderung des Klagegrundes
erfolgt sei. Ein klares Prinzip läßt sich überhaupt hinter der
Kasuistik dieser Abhandlung nicht erkennen. Wenn Förster am Anfang der Ausführung sagt:

„Da diese (die Urtheile, welche in angebrachter Art abweisen)

---

14) Jur. Wochenschrift von 1846 S. 226 ff.

die Anstellung einer neuen Klage nicht hindern, ja geradezu vorbehalten, so sprechen sie sich auch nicht endgültig über die rechtlichen Beziehungen der Parteien aus," so scheint es zwar, als ob Förster dem richtigen Gedanken auf der Spur sei, aber er verfolgt denselben nicht, und deshalb bleibt es bei einem unklaren Postulate, wobei zudem die Ursache zur Wirkung und die Wirkung zur Ursache gemacht wird.

Auch in seiner „Theorie und Praxis"[15]) gelangt Förster nicht bis zum eigentlichen Kernpunkt der Sache. Er führt zwar auch hier richtig aus, daß die Klage nicht in angebrachter Art, sondern definitiv abzuweisen sei, wenn aus einem falschen Fundamente geklagt werde (die entgegenstehende Ansicht des Ober=Tribunals nennt er „unbegreiflich") und daß die Abweisung angebrachter Maßen der verbesserten Klage aus demselben Fundamente gegenüber nicht die exceptio rei judicatae erzeuge. Auch enthält die Nebeneinander= stellung des in angebrachter Art abweisenden Erkenntnisses mit den= jenigen Urtheilen, welche die Klage wegen Unzuständigkeit oder Un= zulässigkeit des Rechtswegs abweisen (die einen „mehr staatsrechtlichen Karakter" haben sollen) offenbar einen Schritt weiter auf dem Wege zur Erkenntniß des Wesens der Sache. Aber das letztere wird nicht klargestellt und ist auch dem Verfasser selbst offenbar nicht klar geworden, da er noch lehrt, daß der neuen Klage allerdings alsdann der Einwand der entschiedenen Sache entgegenstehe, wenn sie nicht frei sei von dem Mangel, der die Abweisung der ersten Klage verursacht habe.

Auch die gemeinrechtliche Literatur läßt eine Analyse des juristischen Wesens der Abweisung angebrachter Maßen vermissen. Das ganze Institut wird von ihr auf's stiefmütterlichste behandelt und durchweg mit einigen Zeilen — meist bei Besprechung des sog. ersten Dekrets auf die Klage, speziell der Abweisung a limine — abgethan, ohne daß auch nur ein Versuch gemacht wird, diese Ur= theilsart näher zu untersuchen.[16]) Dagegen läßt sich allerdings nicht verkennen, daß die gemeinrechtliche Praxis mit der Abweisung in

---

15) Bd. I. S. 271 ff. (3. Aufl.).

16) Vgl. die gangbaren Lehr= und Handbücher von Schmid, Baier, Wetzell, Renaud 2c. Ueber die Auffassung Bülow's (jetzt Professor in Tübingen) in seiner Monographie über die Prozeßeinreden und Prozeßvoraussetzungen siehe unten in § 4 dieses Aufsatzes.

angebrachter Art durchweg sicher und richtig zu operiren versteht, und daß solche Mißgriffe, wie sie aus der preußischen Rechtsprechung oben mitgetheilt werden mußten, hier vergeblich gesucht werden. Indessen zeigt sich der Mangel der sicheren wissenschaftlichen Grund= lage für das Institut doch auch hier praktisch darin, daß man, ebenso wie Förster für das preußische Recht, der mit den alten Mängeln behafteten neuen Klage gegenüber aus der früheren Abweisung in angebrachter Art häufig die exceptio rei judicatae statuiren will. [17])

§ 3.

Bei dieser Sachlage hatte der Versuch, die Urtheilsart der Ab= weisung angebrachter Maßen auf ihren eigentlichen juristischen Inhalt zu analysiren und dadurch das spezifische Wesen dieses „verwahr= losten" Instituts herauszukehren, gewiß seine volle wissenschaftliche Berechtigung. Ich habe diesen Versuch in meiner im Jahre 1874 erschienenen kleinen Schrift „Die Abweisung in angebrachter Art nach gemeinem und preußischem Recht" unternommen. Es ist hier nachzuweisen versucht, daß die Abweisung „wie angebracht" eine nothwendige Folge der Verhandlungsmaxime einerseits und der unbedingten Urtheilspflicht des Richters andererseits ist. Beide Maximen mußten in einem gewissen Punkte mit logischer Nothwen= digkeit in einen direkten Widerspruch treten und dieser Widerspruch hat in der Abweisung angebrachter Maßen seine Lösung gefunden — einer Entscheidung, wodurch der Richter seiner Urtheilspflicht formal genügend ein Erkenntniß spricht, aber ein Erkenntniß, das die ma= terielle Entscheidung ablehnt. Das Wesen der Abweisung in an= gebrachter Art — das ist das Ergebniß meiner Untersuchungen — besteht sonach in einer motivirten Urtheilsverweigerung wegen logischer Unmöglichkeit des Urtheils.

„Wenn auch" — so habe ich dort unter Anderem ausgeführt — „dem deutschen Prozeßrechte Bestimmungen wie diejenigen des fran= zösischen Rechts fremd sind, wodurch der Richter mit Strafe und Regreßklage bedroht wird (code civil art. 4, code de procéd. art. 505 ff.), wenn er seine Entscheidung verweigert, so steht darum

---

[17]) Zeitschr. für Rechtspflege und Verwaltung in Sachsen von Tauchnitz N. F. Bd. 6 S. 203, Bd. 19 S. 409. Entsch. des R.O.H.G. Bd. V. Nr. 35.

doch auch nach deutschem Staats- und Prozeßrecht nicht weniger
fest, daß der Richter in allen zu seiner Kompetenz gehörigen Fällen
sein Urtheil nicht versagen darf. Diese unbedingte Urtheilspflicht
des Richters geräth jedoch in einer bestimmten Richtung in Kollision
mit der thatsächlichen oder, besser gesagt, logischen Möglichkeit des
Urtheils. Die Thätigkeit des erkennenden Richters bewegt sich bekanntlich immer in derselben logischen Form des Syllogismus. Den
Obersatz bildet das objektive Recht, den Untersatz die in Frage
stehenden thatsächlichen Vorgänge, und aus beiden hat dann der
Richter vermöge seines Urtheilsvermögens zu konkludiren, ob der oder
die geltend gemachten Ansprüche begründet sind oder nicht.[18] Nun
kann sich der Richter dieser Urtheilsfällung allerdings nicht dadurch
entziehen, daß er sich auf seine mangelnde Rechtskenntniß oder die
Unzulänglichkeit seiner Urtheilskraft beruft, um das Urtheil in concreto als ihm unmöglich hinzustellen. Vielmehr hat jene Urtheilspflicht gerade den Sinn, daß der Richter mit dem großen oder kleinen
Maße von Rechtskenntniß und Verstand, dessen er sich nun einmal
zu erfreuen oder nicht zu erfreuen hat, seine Entscheidung abgeben
muß, mag dieselbe so richtig oder so unrichtig ausfallen, wie sie
wolle. Wohl aber liegt eine thatsächliche Unmöglichkeit der Urtheilsfällung für den Richter dann vor, wenn entweder die Ansprüche des
Klägers oder die Thatsachen, aus denen sie abgeleitet werden, in
einer nicht genügend verständlichen Weise vorgetragen sind. Man
kann nicht einwenden, daß der Richter diese Lücken im thatsächlichen
Materiale durch Befragen der Parteien und eigene Nachforschungen
auszufüllen habe. Denn abgesehen von der häufigen faktischen Unmöglichkeit einer solchen Kompletirung des Stoffs ist dieselbe durch
die Verhandlungsmaxime geradezu verboten. Nach diesem Grundprinzip des gemeinen Rechts hat sich bekanntlich der Richter bei
seinem Urtheil nur an die Anträge und die Thatsachen zu halten,
welche ihm von den Parteien vermöge ihrer eigenen freien Dis-
positionsbefugniß, d. i. ihres Beliebens, vorgetragen werden. Er

---

[18] Dieser deklarative (dezisive) Theil des Erkenntnisses ist das einzige We-
sentliche an demselben; die Dispositive (Tenor) erscheint logisch nur als impe-
rative Form der Dezisive, deren praktisches Resultat sie zieht. Unger, Oesterr.
Privatr. II. S. 640 ff. Westerburg, Archiv für prakt. R.W. N. F. Bd. IX.
S. 228. ff., vgl. andererseits wieder mit meinen Ausführungen Degenkolb,
Einlassungszwang und Urtheilsnorm S. 140.

braucht also nicht nur nicht, sondern er darf sogar nicht einmal eine Partei zwingen oder veranlassen, ihre Behauptungen oder Anträge zu ergänzen; und nach der Eventualmaxime darf er ferner gar die Anführungen der Partei nur dann berücksichtigen, wenn sie innerhalb gewisser Zeitschranken erfolgt sind. Der Richter befindet sich also in einem solchen Fall in einem eigenthümlichen Dilemma. Auf der einen Seite steht seine Pflicht zur Urtheilsfällung, auf der anderen die intellektuelle Unmöglichkeit hierzu. Diesen Widerspruch hat nun die Praxis dadurch gelöst, daß sie den Richter die Klage „wie angebracht" abweisen läßt. Hierdurch wird nämlich einerseits dem prozessualen Erforderniffe genügt, daß der Rechtsstreit durch ein mit Rechtsmitteln anfechtbares Urtheil erledigt wird, und ebenso über die Kosten des Prozesses sachlich entschieden, indem diese dem Kläger als derjenigen Partei auferlegt werden, welche durch ihre Unklarheit die unentwirrbare Sachlage geschaffen hat. Dagegen wird andererseits in der Hauptsache selbst keinerlei Entscheidung getroffen, vielmehr eine solche wegen thatsächlicher Unmöglichkeit des logischen Urtheils abgelehnt. Die Abweisung „wie angebracht" ist also eine motivirte Urtheilsverweigerung. Sie darf eben daher nicht als Unterart der einfachen „Abweisung" aufgefaßt werden. Durch die letztere wird die begehrte Prüfung und Urtheilsfällung wirklich ausgeführt, der Anspruch des Klägers definitiv aberkannt, durch die Abweisung angebrachter Maßen lehnt aber der Richter sein Urtheil gänzlich ab, er erkennt den Klageanspruch ebenso wenig ab, als er ihn zuerkennt, und es steht also die Abweisung in angebrachter Art in der Mitte zwischen absolutorischem und kondemnatorischem Urtheil, von beiden gleich weit entfernt und in gleicher Weise grundsätzlich verschieden."

Ist diese Auffassung richtig,[13a] so ergeben sich mit Nothwendigkeit die folgenden Sätze in Betreff der Voraussetzungen, der Anfechtbarkeit und der Wirkung eines in angebrachter Art abweisenden Erkenntnisses:

A. Voraussetzungen der Abweisung wie angebracht:

1) Dieselbe kann jedenfalls nicht erfolgen:

a) wenn die Klage aus dem geltend gemachten Fundamente zur materiellen Aberkennung reif, also rechtlich unbegründet, nicht

---

[13a] Zustimmend Kleinschrod, Prozeß. Konsumtion u. s. w. S. 189.

2*

erwiesen oder durch eine erhebliche Einrede elidirt ist, der
Richter aber glaubt, daß Kläger den Anspruch aus einem an=
deren, gegenwärtig gar nicht geltend gemachten Fundamente
ableiten könne. Ein solcher vorsorglicher Schutz der etwaigen
späteren Klage wäre zunächst durchaus überflüssig, also juri=
stisch sinnlos. Denn die Klage aus dem anderen Fundamente
ist von der gegenwärtigen Klage durchaus verschieden, sie ist
eine „alia actio", durch die Abweisung der einen wird die
andere in keiner Weise affizirt. Andererseits hat aber der
Beklagte ein gutes Recht darauf, daß ein Anspruch, der sich
als verwerflich erwiesen hat, auch definitiv aberkannt wird;
es ist dieses Recht des Verklagten das nothwendige Korrelat
seiner Einlassungspflicht, vermöge deren er sich gegen jeden,
vielleicht noch so sehr aus der Luft gegriffenen Klageanspruch
bei Meidung der Kontumazfolgen auf einen Prozeß einlassen
muß;[19]) und es ist dieses Recht dem Verklagten vielfach auch
ausdrücklich gesetzlich gewährleistet.[20]) „Es wäre in der That
mehr als seltsam, ihm dieses Recht deshalb vorzuenthalten,
weil der Kläger vielleicht in Zukunft einen anderen Klage=
anspruch gegen ihn erheben könne."[21])

b) Ebensowenig kann eine Abweisung in angebrachter Art er=
folgen, wenn die Klage zwar thatsächlich begründet befunden,
aber unerwiesen geblieben ist. Was in dem Prozesse (be=
stritten) nicht erwiesen wird, gilt als unwahr, resp. nicht ge=
schehen und actore non probante absolvitur reus. Und zwar
ist ganz gleichgültig, ob der versuchte Beweis ohne Resultat
geblieben ist, oder ob die Partei überhaupt keinen Beweis an=
getreten hat. Dieser letztere Unterschied konnte höchstens für
die Einleitung der Klage (nämlich wo, wie im preußischen

---

19) Auf diesen in der Literatur vielfach ganz übersehenen Gesichtspunkt weist
mit Recht nachdrücklich hin Degenkolb, Einlassungszwang und Urtheilsnorm
S. 15 ff., 26 ff.

20) Vgl. z. B. für das preußische Recht: A.G.O. I. 13 § 43: „Obgleich in
der Regel durch das erfolgende Urtheil der ganze Prozeß nach allen seinen Ge=
genständen definitive entschieden sein muß, so u. s. w." (es folgen hier nicht in Be=
tracht kommende Besonderheiten). Vgl. auch jetzt C.P.O. § 243 (Unzulässigkeit
der einseitigen Zurücknahme der Klage nach Beginn der mündlichen Verhandlung
zur Hauptsache).

21) Westerburg, die Abweisung u. s. w. S. 8.

Rechte, das Prinzip der Beweisverbindung und daneben gleichzeitig dasjenige der sachlichen Vorprüfung der Klage vor der
Einleitung bestanden) in Betracht kommen. Vom Standpunkte
des urtheilenden Richters sind die Klagebehauptungen in beiden
Fällen gleichmäßig nicht erwiesen, Kläger muß daher definitiv
abgewiesen werden. Im Civilprozeß gilt nur die relative
Wahrheit.

Dieser Punkt ist namentlich für das preußisch-rechtliche Gebiet
zu betonen, da hier wiederholt die Neigung zu Irrthümern hervor-
getreten ist. Das oben aufgeführte Präjubikat des Ober-Tribunals
vom 8. Juli 1869 (Striethorst Bd. 75 S. 250 ff.) ist namentlich
auch deshalb so bezeichnend für die Verwirrung der Grundbegriffe,
auf denen es beruht, weil es, ohne irgend welche desfallsige Prüfung, ganz selbstverständlich, nicht substanziirte und nicht mit den
gehörigen Beweismitteln unterstützte Klagen als gleichwerthig neben
einander stellt:

„Nach allen diesen Allegaten" — so heißt es dort — „mag
es für das Gebiet des preußischen Prozesses als anerkannt betrachtet
werden, daß ein Kläger, welcher seine Klageanträge nicht gehörig
substanziirt oder das von ihm zu erbringende thema probandum
nicht mit den gehörigen Beweismitteln unterstützt hat, nicht in der
angebrachten Art, sondern definitiv zurückzuweisen ist."

Auch bei mangelndem Beweise[22]) der Aktiv- oder Passivlegitimation ist definitiv und nicht in angebrachter Art abzuweisen.
Aktiv- und Passivlegitimation sind weiter Nichts als Bestandtheile
des Klagegrundes; die entgegenstehende frühere Ansicht ist durch
Bethmann-Hollwegs klare Untersuchungen für immer beseitigt;
und selbst schon nach dem bis zum 1. Oktober v. J. geltenden
preußischen Rechte durfte diese Ansicht angenommen werden, obwohl
die frühere unrichtige Theorie in der A.G.O. theilweise versteinert
erhalten war.[22a])

c) Endlich ist noch hervorzuheben, daß auch dann, wenn der
geltend gemachte faktische Entstehungsgrund eines dinglichen
Anspruchs sach- oder beweisfällig wird, in Verfolg der unter

---

[22]) Gruchot I. S. 44. Dagegen ist bei mangelhafter Substanziirung der
Aktiv- oder Passivlegitimation die Abweisung wie angebracht geboten.

[22a]) A.G.O. I. 5 § 4 Nr. 6, § 11; I. 9 §§ 20, 21; I. 10 §§ 81a., 81b. Vgl.
Verordn. vom 21. Juli 1846 § 5 lit. d.

a und b entwickelten Sätze die Klage definitiv abzuweisen
ist. Unter den Romanisten ist man bekanntlich zwar darüber
einig, daß eine persönliche Klage aus einem anderen Fun=
damente selbst eine toto capite andere ist, daher auch von der
exceptio rei judicatae nicht betroffen wird. Dagegen ist ja
um so streitiger unter ihnen, ob auch der angegebene faktische
Entstehungsgrund des binglichen Rechts die Identität der
Klage bestimme.[23]) Diese Kontroverse ist aber für das heu=
tige Recht ganz unpraktisch. Nach deutschem, [gemeinem,[24])
preußischem[25]) und jetzigem Reichs=[26])] Rechte werden von den
Parteien nicht die Rechte, sondern die Thatsachen in jus
deduzirt; eine bingliche Klage ohne „expressa caussa" ist
überhaupt gar keine Klage im deutschen Sinne, sie war bisher
schon a limine abzuweisen, in Zukunft muß sie jedenfalls auf
Antrag des Verklagten durch das Urtheil in angebrachter Art
abgewiesen werden, da in der mündlichen Verhandlung nicht
erst das Klagefundament eingeführt, sondern nur verbessert
werden kann.[27]) Ebendaher kann auch die Erwägung, daß
dasselbe bingliche Recht (z. B. Eigenthum) doch noch aus einem
anderen Erwerbsgrunde herzuleiten sei, niemals die Abweisung
der Klage in angebrachter Art rechtfertigen, wenn der gegen=
wärtige Klagegrund definitiv hinfällig erscheint.

2) Die Abweisung in angebrachter Art muß dagegen erfolgen:
a) wenn der Klageantrag so undeutlich gestellt ist, daß er nicht
   ersehen läßt, was Kläger eigentlich will;

---

[23]) Vgl. die Literatur bei Vangerow Pand. Bd. I. S. 284 ff. (7. Aufl.).
Es kommt hauptsächlich auf die Interpretation der l. 14 § 2 de except. rei jud.
(44, 2) an. Die Puchta'sche Auslegung ist doch wohl mehr geistreich als rich=
tig; man muß annehmen, daß auch hier eine praescriptio pro actore durch Bei=
fügung der caussa (adjecta caussa) möglich war, wodurch die Konsumtion ein=
geschränkt wurde. Vgl. Kleinschrob, Prozeß. Konsumtion und Rechtskraft des
Civilurtheils (1875) S. 202 ff.

[24]) Buchka, Lehre vom Einflusse des Prozesses u. s. w. II. S. 192 ff.

[25]) Förster, Theorie und Praxis I. S. 288 (3. Aufl.).

[26]) C.P.O. § 230 Nr. 2.

[27]) C.P.O. §§ 230, 235 Nr. 3, 240 Nr. 1. Die Klageschrift ist essentiell
und grundlegend, nicht bloß vorbereitender Schriftsatz. Vgl. auch meinen gleich=
zeitig in diesen Blättern erscheinenden Aufsatz über die Klageänderung. Die ab=
weichenden Ansichten Wach's und Petersen's (vgl. die Anzeige von E im
Jahrgang 1880 der Gruchot'schen Zeitschrift S. 130) halte ich für unrichtig.

b) wenn der Klageantrag ein perplexer ist, also z. B. Anträge, die sich logisch geradezu ausschließen oder die gesetzlich nur elektiv zulässig sind (z. B. actio quanti minoris und actio redhibitoria), kumulirt;

c) wenn der Klageantrag zu allgemein gehalten ist, also z. B. nur Verurtheilung in quali beantragt, wo alsbald in quanto liquidirt werden muß;

d) wenn die Klage überhaupt gar nicht substanziirt ist. Es ist unbegreiflich, daß Förster hier definitive Abweisung eintreten lassen will. Was soll denn definitiv abzuweisen sein? Die exceptio rei judicatae würde ja meistens gar kein Objekt, wenigstens kein greifbares haben. Und andererseits: wie kann der Richter einen Anspruch aberkennen, der ihm in seiner thatsächlichen Grundlage gar nicht zur Kognition gebracht ist? Der Richter kann dem Kläger doch nur antworten: Es ist mir intellektuell unmöglich, über die Begründung Deines Anspruchs zu urtheilen, weil mir das thatsächliche Material für ein jedes Urtheil fehlt, d. h. ich muß Dich in angebrachter Art abweisen. Nach der richtigen Theorie der Abweisung angebrachter Maßen als einer Urtheilsverweigerung wegen logischer Unmöglichkeit des Urtheils ist gerade hier der frappanteste Anwendungsfall dieser Urtheilsart gegeben. Eine definitive Abweisung wäre, ernstlich gemeint und durchgeführt, nur unter dem Gesichts=punkt einer Privatstrafe für Leichtfertigkeit oder Rechts=unkenntniß zu begreifen, und für eine solche ist doch kein gesetz=licher Boden.

e) wenn die faktischen Klagebehauptungen der Art unklar sind, daß sie nicht verständlich sind oder daß wenigstens nicht er=hellt, in welchem logischen Zusammenhange sie nach der Intention des Klägers zu dem Klageantrag stehen sollen;[28]

f) wenn die Klagebehauptungen durch spätere Restriktionen, Mo=difikationen, widersprechende Behauptungen, Zugeständnisse u. dergl. nachträglich verdunkelt oder nachträglich Anträge ge=stellt werden, die dem aufrecht erhaltenen Klageantrag impli-

---

[28] Dieser Fall und der nachfolgende sub f., bilden so recht eigentlich das Gebiet der berüchtigten gemeinrechtlichen (prozeßhindernden) exceptio libelli obscuri. Vgl. darüber meinen gleichzeitig in diesen Blättern erscheinenden Aufsatz über die Klageänderung.

cite widersprechen oder in Widerspruch mit Klagebehauptungen treten;

g) bei unzulässiger Klageänderung.[28a])

3) Für den Fall mangelhafter (unvollständiger) Substan= ziirung läßt sich m. E. keine andere Regel aufstellen, als die, welche ich in der „Abweisung"[29]) wörtlich dahin gefaßt habe:

„In dem Fall, wenn die Klagebehauptungen zwar deutlich und klar sind, aber zur Erzeugung des beanspruchten Rechts nicht aus= reichen, wenn also noch Behauptungen fehlen, ist zu unterscheiden:

a) Ergiebt der Zusammenhang, daß jene Thatumstände, welche in der Klage nicht erwähnt sind, auch nicht stattgehabt haben, oder noch präziser: daß sie nach der Intention des Klägers nicht als stattgehabt gelten sollen: — so muß, da ja dann das Material vollständig und klar vorliegt, die Klage definitiv abgewiesen werden.

b) Steht dagegen diese Negative nicht fest, sondern liegt die Mög= lichkeit vor, daß Kläger die Anführung dieser Umstände bloß aus Versehen oder Rechtsirrthum unterlassen hat, so ist die Klage nur in angebrachter Art abzuweisen."

In der richtigen Anwendung dieser Regel, der richtigen Unter= scheidung zwischen dem ersten und dem zweiten Fall muß sich der praktische und feinfühlende Chic des Richters bewähren; die Regel selbst läßt sich nicht mehr spezialisiren.

B. Anfechtung des in angebrachter Art abweisenden Urtheils.

Das gedachte Urtheil ist formell ein vollständiges, reguläres Endurtheil. Es unterliegt daher ganz denselben Rechtsmitteln, wie jedes andere Urtheil.

Namentlich kann auch der Verklagte dagegen ein Rechtsmittel einlegen. Von dem Gesichtspunkte aus, der die Abweisung in ange= brachter Art nur als eine Spielart der Abweisung schlechtweg auf= faßt, könnte, — von dem Standpunkt derjenigen Meinung aus, welche die Abweisung angebrachten Maßen expressis verbis oder we= nigstens der Sache nach mit der puren Abweisung identifizirt,

---

[28a]) Vgl. unten die Abhandlung über die Klageänderung.
[29]) S. 8.

müßte die Berechtigung des Verklagten zur Beschwerde bestritten
werden. Wer mit uns in der Abweisung angebrachter Maßen ein
seinem Inhalt nach von der aberkennenden puren „Abweisung"
toto capite verschiedenes, eine Entscheidung in der Sache überhaupt
ablehnendes, Urtheil sieht, kann dem Verklagten, dessen Antrag auf
Abweisung der Klage schlechtweg durch die Abweisung angebrachter
Maßen abgelehnt ist, das Recht zur Beschwerde im Wege des Rechts=
mittels nicht weigern.

Ebenso muß, wer unsere Grundanschauung theilt, es für eine
unzulässige reformatio in pejus halten, wenn auf die Appellation
des Klägers der zweite Richter die in erster Instanz in angebrachter
Art abgewiesene Klage definitiv abweisen wollte. Weiter auf das
theilweise noch sehr der Revision bedürftige Detail dieser Lehre
einzugehen, verbietet der dieser Abhandlung gestattete Raum.

C. Wirkung eines in angebrachter Art abweisenden
Erkenntnisses, insbesondere absoluter Ausschluß der
exceptio rei judicatae.

Ich zitire hier wörtlich folgende Erörterung aus meiner „Ab=
weisung."[29a])

„In formaler Hinsicht beendigt die Abweisung angebrachter
Maßen die Prozeßinstanz durch ein mit den gewöhnlichen Rechts=
mitteln anfechtbares, der Rechtskraft fähiges Erkenntniß. Auch wird
ferner durch sie über die Kosten des Prozesses in definitiver (sach=
licher) Weise entschieden. Dagegen liegt über den eigentlichen Rechts=
streit selbst nur scheinbar ein Urtheil vor, während materiell der
Streit noch ganz unentschieden ist, indem ja im Gegentheil der
eigentliche Sinn der Abweisung „wie angebracht" gerade dahin geht,
daß der Richter in der Sache nicht entscheidet, sondern seine Ent=
scheidung wegen mangelnder Substanziirung der Klage ablehnt. Es
wäre daher geradezu eine Umkehrung der Begriffe, wenn man aus
der formellen Natur des in angebrachter Art abweisenden Erkennt=
nisses oder gar aus dem Worte „abweisen" darauf schließen wollte,
daß der Rechtsstreit entschieden sei, während doch in Wahrheit
durch das fragliche Erkenntniß gerade ausdrücklich ausgesprochen ist,

---

[29a]) Westerburg, die Abweisung in angebrachter Art S. 9 ff. Vgl. auch
ebendaselbst S. 13 ff.

daß der Prozeß unentschieden ist und sein soll. Hieraus folgt
von selbst, daß von einer exceptio rei judicatae auf Grund eines
die Klage oder Widerklage in angebrachter Art abweisenden Erkennt=
nisses nicht die Rede sein kann und zwar einfach deshalb nicht, weil
eben die res noch nicht judicata, der Anspruch[29b]) noch nicht abge=
urtheilt ist. In der That würde auch die entgegengesetzte Annahme
zu den sonderbarsten Konsequenzen führen. Wollte man nämlich be=
haupten, daß die zweite Klage definitiv abgewiesen werden müsse,
weil die erste wie angebracht abgewiesen sei, so braucht man eigent=
lich diese zwei Sätze nur auszusprechen, um das Unhaltbare der
Schlußfolgerung zu erkennen. Denn es wäre damit offenbar gesagt,
daß die Wirkung und — da das Wesen hier lediglich in der Wir=
kung beruht — daß das Wesen der Abweisung in angebrachter Art
ganz gleich sei dem Wesen und der Wirkung der puren Abweisung,
mit andern Worten also: daß die Abweisung in der angebrachten
Art und die pure Abweisung dem Wesen nach identisch seien. Hier=
durch gäbe man also in der Folgerung die eigene Prämisse auf,
welche ja eben in der Annahme der Existenz einer besonderen Ab=
weisung angebrachter Maßen bestand. Noch deutlicher wird übrigens
die Ungereimtheit, wenn man die juristisch=technischen Ausdrücke ins
Gemeinverständliche übersetzt. Denn hier müßte der Richter offenbar
zum Kläger sagen: „Weil mir das erste Mal eine Prüfung Deines
Anspruchs wegen mangelhafter Substanziirung desselben unmöglich
war, deshalb entscheide ich das zweite Mal unbesehen dahin, daß
Dein Anspruch unrechtmäßig ist, und erkenne ihn daher ab." Wollte
man aber annehmen, die zweite Klage müsse ebenfalls wieder in
angebrachter Art abgewiesen werden, so wäre dies womöglich noch
denkwidriger, denn der Richter würde durch ein solches Urtheil dem
Kläger folgende Antwort geben: „Weil Dein früherer Klageantrag
unklar und unverständlich war, deshalb erkläre ich auch Deine
jetzige Klage, mag sie auch noch so klar und vollständig, ja ein

---

[29b]) Daß res in den römischen Quellen soviel wie Rechtsanspruch bedeutet,
ist durch die Untersuchungen von Bekker in seiner Prozeßkonsumtion und von
Dernburg in seiner Kritik des Bekker'schen Buches (Heidelb. Krit. Zeitschr. II.
S. 339) m. E. zweifellos erwiesen. Vgl. Westerburg im Archiv für prakt.
R.W. N. F. IX. S. 338 ff., 345 ff., 382 ff. und gegen die theilweise (bezüglich
der res in judic. deductae) abweichende Ansicht von Kleinschrod l. c. S. 55,
Westerburg in der Anzeige dieses Buches bei Gruchot Bd. 19 S. 621.

wahres Muster einer Klage sein, unbesehen wieder als unklar und unvollständig!".... Endlich ist auch noch ein praktischer Gesichts=punkt hervorzuheben, welcher ebenfalls sehr ins Gewicht fällt. Würde nämlich die Abweisung in angebrachter Art die exceptio rei judi-catae begründen, so läge darin eine kolossale Härte für den Kläger. Derselbe würde in Folge der mangelhaften Substanziirung seines Anspruchs desselben für immer verlustig gehen, und es wäre also in Wahrheit eine Privatstrafe in das moderne Recht eingeführt, wie man sie sich kaum rigoröser denken könnte. Denn diese Strafe stände nicht auf irgend welchem dolus, sondern sie gälte der bloßen Nachlässigkeit oder Unkenntniß und sogar nicht einmal der eigenen, sondern viel häufiger derjenigen des Anwalts, für dessen Versehen der rechtsunkundige Klient unschuldiger Weise leiden müßte. Eine derartige Einrichtung hätte man wohl im alten rigorösen Formal=rechte der Römer begreifen können; sie hat aber keine Stelle in unserer heutigen Rechtsanschauung, welche mit Hülfe der Prozeß=formen das materielle Recht rasch und sicher entwickelt, nicht aber erdrückt haben will.

Theorie und Praxis des gemeinen Rechts verwerfen denn auch ziemlich einstimmig die Annahme einer exceptio rei judicatae auf Grund eines bloß „wie angebracht" abweisenden Erkenntnisses und nur die eine Ausnahme wollen Viele gemacht wissen, daß die Ein=rede der entschiedenen Sache der neuen Klage dann entgegen stehen müsse, wenn sie an demselben Mangel wie die frühere leide.[30]) Aber auch diese Ausnahme ist zu verwerfen. Es ist daran festzuhalten, daß die Abweisung in angebrachter Art nicht materiell entscheidet und daher auch die Einrede, daß entschieden sei, ihrer Natur nach gar nicht erzeugen kann. Allerdings wird der Richter die zweite Klage, wenn sie an demselben Fehler leidet, wieder in angebrachter Art abweisen. Er thut dies aber nicht deshalb, weil die frühere, jetzt gar nicht mehr in Frage stehende Klage mangelhaft substanziirt war, sondern weil es die jetzige ist; er lehnt sein Urtheil nicht des=halb ab, weil ihm das frühere Urtheil unmöglich war, sondern weil ihm das jetzt begehrte unmöglich ist. Er weist also in angebrachter Art ab, nicht auf Grund einer exceptio rei judicatae, sondern nach erneuter sachlicher Prüfung. Bei dieser letzteren ist er aber ganz

---

[30]) Vgl. oben Note 17.

frei und durch das erste Urtheil nicht gebunden, weil von dem Ur=
theil nur die Dezisive, welche hier fehlt, nicht aber die Entscheidungs=
gründe, auch nicht die objektiven, rechtskräftig werden.[31]

Der Einwand, daß bei der von uns vertretenen Ansicht ein
chikanöser Kläger dieselbe Klage ins Unendliche wiederholen könne,
ist nicht zu berücksichtigen, denn der Kläger kann dies auch ebenso=
wohl bei der entgegengesetzten Theorie. Seine Strafe ist eben die,
daß er die Kosten bezahlt, und diese Strafe wird ihn ebenso empfind=
lich treffen, wenn die wiederholte Abweisung auf abermaliger sach=
licher Prüfung, als wenn sie auf der exceptio rei judicatae be=
ruht."[31a]

§ 4.

Es ist hier nicht der Ort, eine Geschichte der Abweisung ange=
brachter Maßen zu schreiben. Dies muß einer späteren, auf reiches
urkundliches Material zu stützenden Monographie vorbehalten bleiben.
Vielmehr sollen hier nur mit wenigen Strichen die Bausteine skizzirt
werden, auf denen die historische Entwicklung des Instituts beruht.

---

[31] Bekanntlich besteht allerdings über diese Frage für das bisherige Recht
ein wohl nie zu Ende kommender Streit, der sich an die Streitfrage über die
von Keller sogenannten zwei Funktionen der exceptio rei judicatae anknüpft.
Vgl. über die Dogmengeschichte und den Stand der Lehre: Westerburg, Archiv
für prakt. R.W. N.F. Bd. IX. und X. (1873, 1874), ferner namentlich Klein=
schrod, l. c. (zweites Kapitel); Windscheid, Pand. §§ 130, 131. Für das
preußische Recht war, trotz der Neigung namhafter Theoretiker (z. B. Förster)
zu der Savigny'schen Theorie von der Rechtskraft der objektiven Entscheidungs=
gründe, im § 38 A.G.O. I. 13 („bloße Entscheidungsgründe sollen niemals die
Kraft eines Urtheils haben") ein so festes Bollwerk für die richtige Ansicht gege=
ben, daß die Praxis meistens unerschüttert blieb. Nur war die Antithese: daß
nicht die Gründe, sondern nur der Tenor des Erkenntnisses rechtskräftig werde,
freilich eine ebenso schiefe als äußerliche. Eine Rechtsgleichheit im Sinne der
m. E. allein richtigen Theorie ist nunmehr durch § 293 C.P.O. erreicht. Vgl.
darüber unten in § 6 dieser Abhandlung.

[31a] Es würde sich allerdings sehr empfohlen haben, dem Verklagten in diesem
Falle bis zur Erstattung der Kosten des Vorprozesses eine prozeßhindernde Ein=
rede zu gewähren, wie dies in § 247 Nr. 5 C.P.O. für den analogen Fall der
Zurücknahme der früheren Klage (§ 243 Abs. 4) wirklich geschehen ist. Eine nicht
zu ängstliche Rechtsprechung wird indessen, zumal bei der weiten Fassung von
§ 247 Nr. 5, unter diese Bestimmung auch die frühere Abweisung in angebrachter
Art subsumiren.

Im klassischen römischen Recht zerfiel bekanntlich der Civilpro=
zeß in zwei durchaus getrennte Stadien, das Verfahren in jure und
dasjenige in judicio. Das erstere, vor dem Prätor, hatte sein Ziel
und seinen Abschluß in der editio formulae, welche dem Prozeß
durch schriftliche Fixirung der gegenseitigen Streitpunkte (actio,
exceptiones, replicationes, praescriptiones etc.) seine rechtliche Grund=
lage gab. Mit dieser war lis contestata und ebendamit nach dem
Grundsatze „ne bis de eadem re" die actio „konsumirt", indem ihr
nunmehr, einerlei, welches fernere Schicksal der Prozeß vor dem
judex hatte und ob dieser den Verklagten verurtheilte oder absolvirte,
die exceptio rei in jud. deductae entgegenstand. Die exceptio rei
judicatae war eigentlich nur eine Anwendungsform dieser exceptio
rei in jud. deductae, materiell von ihr nicht verschieden.[32]) Die
Konsequenz war, daß die Klage, falls sie einmal bis zur litiscon-
testatio gebracht war, konsumirt war, mithin nicht mehr von Neuem
angebracht werden konnte, so daß also z. B. auch wegen plus petitio
oder wegen sachdilatorischer Einreden der Anspruch für immer ver=
loren ging; es stand ihm, wenn ein Urtheil ergangen, die exceptio
rei judicatae, wenn der Prozeß liegen geblieben war, die exceptio
rei in judicium deductae entgegen. Wie diese Wirkung näher civi=
listisch zu konstruiren, ob mit Hülfe des privatrechtlichen Mediums
der Novation der ursprünglichen Klageforderung oder unmittelbar
aus dem Satze „ne bis de eadem re sit actio" im Sinn eines
staatsrechtlichen Verbotes des doppelten Prozessirens über denselben
Gegenstand, war früher bekanntlich sehr streitig; die Novationstheorie
darf aber gegenwärtig wohl allgemein als überwunden gelten.[33])
Auch auf die andere große Kontroverse, ob sich im klassischen Recht
neben dieser, lediglich das Dasein des früheren Urtheils geltend
machenden, mit der exceptio rei in judic. deductae homogenen
exceptio rei judicatae in ihrer sog. negativen Funktion noch eine
zweite positive Funktion derselben exceptio rei judicatae auf Gel=
tendmachung des Inhalts des Urtheils entwickelt habe und ob die
erstere und ursprüngliche negative Funktion im neueren justinianischen
und heutigen Rechte von der positiven Funktion ganz verdrängt,

---

[32]) Westerburg, Arch. für prakt. R.W. N.F. IX. S. 337 ff.

[33]) Bekker hat sie gestürzt (Prozeßkonsumtion S. 9 ff.). Vgl. ferner Wind=
scheid, actio S. 83 ff., Brinz, Pand. § 45, Westerburg, l. c. IX. S. 284 ff.
und besonders S. 340—345, Kleinschrod, l. c. S. 14—19.

also die letztere noch allein übrig sei, soll hier nicht näher einge=
gangen werden.[34]) Jedenfalls darf, wenn man auch diese ganze
sog. positive Funktion der exceptio rei judicatae verwirft und auch
für das justinianeische, wie heutige gemeine Recht nur die richtig
verstandene und richtig begrenzte „negative" Funktion aus dem Satze
ne bis de eadem re anerkennt, doch an folgenden zwei Punkten
nicht gezweifelt werden:

1) Die exceptio rei in judicium deductae ist beseitigt. Nur das
wirkliche Urtheil konsumirt den Klageanspruch, während die
bloße Anhängigmachung des Anspruchs lediglich die prozeß=
dilatorische Einrede der Prozeßhängigkeit für die Dauer der
letzteren erzeugt.[35])

2) Nur das materiell entscheidende, den Anspruch sachlich prü=
fende und an= oder aberkennende Urtheil begründet die exceptio
rei judicatae.[36]) In dieser Richtung hatte bereits Zeno die
Folgen der plus petitio beseitigt; die definitive Konsumtion
in Folge sachdilatorischer Einreden ist durch Justinian in § 10
J. IV. 13 ausdrücklich aufgehoben. Die l. 28. C. de fide-
juss. gehört gleichfalls hierher. Wenn also ein Urtheil den
Anspruch nicht aberkennt, sondern die Entscheidung darüber
ablehnt, kann es keine exceptio rei judicatae erzeugen; es gilt
dies von einem Urtheil, das einen Kompensations= oder Re=
konventionsanspruch ad separatum verweist, von einem Urtheil,
das wegen Unzulässigkeit des Rechtswegs oder örtlicher In=
kompetenz die Klage zurückweist, endlich auch von allen in der
angebrachten Art abweisenden Erkenntnissen.

Mit dieser für die dogmatischen Resultate ausreichenden Be=
trachtung ist jedoch die historische Untersuchung keineswegs erschöpft.

Das römische Recht war ebensosehr von der Verhandlungs=

---

[34]) Gegen die Annahme einer positiven Funktion der exceptio rei judicatae
ausführlich Westerburg l. c. S. 374 ff. Hiergegen wieder Kleinschrob l. c.
besonders S. 221—232, 233 ff., Windscheid, Pand. §§ 130, 131.

[35]) Vgl. besonders Wächter, Erläuterungen aus dem römischen, deutschen,
und württembergischen Privatrecht III. S. 52, Westerburg l. c. X. S. 32 und
nunmehr C.P.O. § 235 Nr. 1, § 247 Nr. 3.

[36]) Westerburg l. c. S. 30 ff., Kleinschrob l. c., Förster, Theorie und
Praxis I. S. 271. Für das heutige Recht C.P.O. § 293: „Urtheile sind der
Rechtskraft nur in soweit fähig, als über den durch die Klage oder durch die
Widerklage erhobenen Anspruch entschieden ist".

maxime beherrscht wie das deutsche,[37]) und es mußten daher auch
dort schon von Haus aus dieselben Motive wirksam werden, auf
denen heutzutage die Abweisung angebrachter Maßen beruht. In
der That ist denn auch bereits nachgewiesen, daß schon das klassische
römische Recht, freilich in durchaus anderer Erscheinungsform, die
Idee der Abweisung in angebrachter Art verwirklicht hat.

Oskar Bülow in seinem vortrefflichen Buche über die Lehre
von den Prozeßeinreden und die Prozeßvoraussetzungen hat gezeigt,
daß die denegatio actionis durch den Prätor materiell unserer
Abweisung „wie angebracht" entsprach.

Er fragt und antwortet S. 274:

„Und haben etwa die Römer eine solche Abweisung angebrachter
Maßen noch nicht gekannt? Ist dies wichtige Institut erst eine Er=
findung der Neuzeit? Keineswegs. Jenes Institut hat, so wenig
man darauf geachtet hat, von jeher im röm. Recht bestanden und
dort schon die ausgedehnteste Anwendung gefunden, nur unter einem
anderen Namen, nämlich als denegatio actionis. In dieser so oft
erwähnten Klageabweisung a limine judicii, in dieser Weigerung
des Magistratus, es in der vom Kläger beabsichtigten Weise zum
Prozeß und Urtheil kommen zu lassen, besaßen die Römer das Mittel,
um die Klage wegen der prozessualischen Mängel, ohne der Sach=
entscheidung irgend vorzugreifen, zurückweisen zu können."

In diesen Fällen wurde also gar keine actio und formula ge=
geben, gar kein judex bestellt, ein judicium kam überhaupt nicht zu
Stande und ebendaher keine litis contestatio; schon eine exceptio
rei in judicium deductae war daher ganz unmöglich, selbstverständ=
lich noch weniger eine exceptio rei judicatae.

Es ist interessant zu sehen, wie der plastische Karakter des
römischen Rechts auch hier hervortritt. Was wir heute erst auf
dem Wege der logischen Untersuchung feststellen müssen, — nämlich,
daß die Abweisung angebrachter Art gar kein materielles Urtheil
enthält, sondern ein solches ablehnt — das trat im klassischen röm.
Recht in der anschaulichsten Weise dadurch zu Tage, daß überhaupt
auch äußerlich gar kein judicium stattfand.

Es ist klar, wie von diesem Gesichtspunkte aus ganz von selbst

---

[37]) Westerburg l. c. IX. S. 253 ff. (l. 18 D. comm. divid. (Javolenus): quod
ultra id, quod in judicium deductum est, potestas judicis excedere non potest).

die Voraussetzungen der Abweisung angebrachter Maßen mit den
sog. Prozeßeinreden in eine Linie treten. Der glänzend erreichte
Zweck des zitirten Bülow'schen Buches ist bekanntlich der Nachweis,
daß der ganze Begriff der sog. Prozeßeinreden ein historisch und
dogmatisch gleich verwerflicher sei, daß da, wo man von Prozeßein=
reden spricht, durchweg nur mangelnde Prozeßvoraussetzungen in
Frage stehen, deren Fehlen das Zustandekommen des judicium
überhaupt hindert. So konnte z. B. auch die Abweisung der Klage
wegen Inkompetenz schon im klassischen röm. Rechte niemals eine
Konsumtion des Klagerechts zur Folge haben, weil die Erörterung
und Entscheidung über die praescriptio fori gar nicht in judicio
sondern in jure, vor dem Prätor stattfanden, also in dem gedachten
Fall weder eine litis contestatio noch eine res in judicium deducta
vorlag.[38])

Für den Forscher giebt es keinen besseren Lohn, als wenn er
seine selbständigen Untersuchungen von einem Anderen bestätigt fin=
det, der auf ganz verschiedenem Wege zu demselben Ergebnisse gelangt
ist. Das Bülow'sche, 1868 erschienene Buch war mir, als ich 1874
in dem abgelegenen Sauerlande meine Schrift über die Abweisung
in der angebrachten Art schrieb, noch ganz unbekannt. Der geneigte
Leser vergleiche nun mit meiner oben mitgetheilten, vorwiegend aus
dogmatischen Erwägungen hergeleiteten Theorie über das fragliche
Institut die nachfolgenden Aperçüs Bülow's, die auf historischem
Wege gewonnen sind:

Nachdem Bülow ausführlich dargethan, daß auch nach § 10
J. de except. auf Grund sachdilatorischer Einreden keineswegs eine
absolutio ab instantia, sondern eine wirkliche Sachentscheidung statt=
finden soll und muß, und daß die Neuerung Justinians nur darin
bestand, daß die Wirkung der auf Grund einer dilatoria exceptio
ergehenden Sachentscheidung auf eine bestimmte Zeit beschränkt sein
soll, fährt er fort (S. 281 ff.):

„Der im Vorstehenden widerlegte Irrthum hat sehr bedeutsame
Folgen nach sich gezogen. Jene vermeintlich in § 10 J. de except.
enthaltene relax. ab obs. jud. oder absolutio ab instantia ist nämlich
von jeher als der Ursprung unserer Abweisung angebrachter Maßen
betrachtet worden. Dadurch ist diese für unser Civilprozeßrecht äußerst

---

[38]) Bülow l. c. S. 86—111, bes. S. 108 Not. 54.

wichtige Lehre von vornherein in eine so schiefe Stellung gerathen, daß sie völlig verkümmert und verkrüppelt bleiben mußte. Sie hat durchweg das Schicksal der ihr nahe verwandten Lehre von den Prozeßvoraussetzungen getheilt und wird auch erst im Zusammenhange mit dieser, nach der gänzlichen Beseitigung der Prozeßeinredentheorie, einer radikalen Revision unterworfen und zu einer folgerechten Entwicklung gebracht werden können. Für jetzt mögen folgende kurze Andeutungen genügen. Die Abweisung angebrachter Maßen ist nicht an die relax. ab obs. jud. oder abs. ab instant., sondern an die denegatio actionis anzuknüpfen. Gleich dieser ist sie dasjenige Dekret, durch welches das Gericht wegen Mangels einer Prozeßvoraussetzung die Unstatthaftigkeit des Prozesses in der Weise, wie er angestellt ist, ausspricht und die Sachentscheidung ablehnt. Zu den (sach=) bilatorischen Einreden steht sie in keinerlei Beziehung. Auf Grund derselben wird der Prozeß nicht für unstatthaft erklärt, sondern es ergeht eine wahre und wirksame Sachentscheidung (absolutio ab actione), die nur das Besondere hat, daß die Wirksamkeit „auf Zeit" beschränkt ist. Zwischen dieser sachlichen Abweisung des Klageanspruchs auf Zeit und der Abweisung der Klage angebrachter Maßen, wie sie auf Grund eines Prozeßmangels erfolgt, findet nur die rein äußerliche und zufällige Aehnlichkeit statt, daß in beiden Fällen dem Kläger die Möglichkeit, noch einmal von Neuem zu klagen, offen bleibt. In allen übrigen, inneren Beziehungen sind sie verschieden. Dort entsteht wirkliche res judicata, wenn auch nur auf Zeit. Daraus folgt, daß, selbst wenn die Abweisung eine ungerechte war, der Kläger doch nicht sofort wieder klagen darf, sondern so lange die Frist noch läuft, durch die exceptio rei judicatae zurückgewiesen wird. Hier dagegen kommt überhaupt keine res judicata zu Stande, der Richter befaßt sich wegen Mangels der Prozeßvoraussetzung gar nicht mit dem Prozeß. Der Kläger darf daher sofort wieder mit einer neuen Klage de eadem re vorgehen und sogar, wenn der neuen Klage wieder derselbe prozessuale Mangel wie der früheren anhaftet, würde ihr keine exceptio rei judicatae hindernd entgegentreten: der Richter ist an sein früheres Dekret nicht gebunden, er kann jetzt, wenn seine rechtliche Beurtheilung inzwischen eine andere geworden ist, oder ihm andere thatsächliche Momente, die für die Zulässigkeit des Prozesses in der angebrachten Art sprechen, vorgelegt werden, den Prozeß unbedenklich für statthaft zu erklären. Aber nicht bloß be=

züglich der materiellen Rechtskraft gehen jene beiden, von allen Pro=
zessualisten mit einander völlig verwechselten und gründlich durcheinan=
der gewirrten Institute auseinander. Es leuchtet ein, daß sie auch
hinsichtlich der sogenannten formellen Rechtskraft, hinsichtlich der Nich=
tigkeitsbeschwerde u. s. w. einer sehr verschiedenen Beurtheilung unter=
liegen müssen: Differenzen, deren nähere Bearbeitung einer besonderen
Bearbeitung dieser ganzen verwahrlosten Lehre vorzubehalten ist.“

Indessen muß die Ansicht Bülows, daß die Abweisung ange=
brachter Maßen auch schon im klassischen Recht ganz in der denegatio
actionis enthalten gewesen, sehr wesentlichen Einschränkungen unter=
worfen werden. In vielen Fällen trifft sie zu, in vielen anderen
mußte aber bei den Römern eine definitive Abweisung stattfinden,
wo heute die Klage nur in der angebrachten Art abzuweisen ist.
Dieser Unterschied ist durch die Verschiedenheit gesetzt, welche zwischen
dem römischen und deutschen Prozeßrecht bezüglich des Prinzips
der Substanziirung besteht.

Man kann, wenn man die Worte nicht zu sehr preßt, diesen
überaus wichtigen, in der Literatur sehr vernachläffigten fundamen=
talen Unterschied dahin formuliren, daß im römischen Recht im
Wesentlichen die jura, im deutschen Recht im Wesentlichen
die facta in jus deduzirt werden. Eine eigentliche Substanzii=
rung des Klageanspruchs im heutigen Sinn fand also regelmäßig
in jure nicht statt, sondern nur eine vorläufige Prüfung der Rechts=
und Prozeßpunkte; die speziellere Substanziirung fiel mit dem Be=
weisverfahren in judicio zusammen, und eine Niederlage in der
ersteren hatte dieselbe Folge, wie die Beweisfälligkeit, nämlich das
cadere caussa und die (definitive) Konsumtion des Rechtsanspruchs.[30]
Man wird daher sagen können, daß da, wo heute eine Klage wegen
mangelhafter Substanziirung (im engeren Sinn) in angebrachter
Art abzuweisen ist, im römischen Recht meistens eine definitive
Abweisung stattfand, weil und insoweit jener Mangel nicht bereits
bei der Erörterung in jure hervortrat und also auch nicht zur dene=
gatio actionis führen konnte.

---

[30] Ein bemerkenswerthes Beispiel ist bereits weiter oben hervorgehoben
worden; die dinglichen Klagen konnten jedenfalls, ja sie mußten nach der An=
sicht Mehrerer ohne expressa caussa in jus deduzirt werden. War dies ge=
schehen, so wurde dadurch der ganze dingliche Rechtsanspruch, nicht bloß der nach=
her in judicio erörterte und unter Beweis gestellte Entstehungsgrund konsumirt.

Ueber dieses „insoweit" herrscht freilich noch wenig Klarheit. Daß eine Erörterung des thatsächlichen Materials (auch bei actiones mit form. in jus concepta) in jure nicht ausgeschlossen war, ist allerdings zweifellos; ebenso sicher aber auch, daß der Schwerpunkt der thatsächlichen Substanziirung erst in das judicium fiel. Ueber das Einzelne verweise ich diejenigen, welche sich näher für diese historische Frage interessiren, auf die Ausführungen Kleinschrob's,[10]) wo auch die Literatur dieser erst in neuester Zeit eingehender untersuchten Materie ausführlich mitgetheilt ist.

Auch bezüglich des Klageantrags tritt eine wesentliche Verschiedenheit zwischen römischem und deutschem Recht hervor. So unbedingt auch im ersteren die Verhandlungsmaxime und mit ihr das Verbot, ultra petitum zu erkennen, regierten, so zweifellos brauchte doch das petitum bei allen Klagen mit einer incerta intentio u. s. w. in jure nur in allgemeinen Umrissen gestellt zu werden (quidquid ob eam rem NN. AA. ex bona fide dare facere oportet, quanti ea res sit etc.[11])

Endlich ist ein bereits von Bülow[12]) gestreifter, sehr wichtiger Gesichtspunkt für die historische Entwicklung der Abweisung angebrachter Maßen, neben der Verschmelzung von jus und judicium, das gemeinrechtliche Institut der eventuellen Litiskontestation. Hiernach konnte jetzt die Abweisung angebrachter Maßen auch noch nach der Litiskontestation nachgeholt werden, obgleich materiell die Abweisung in angebrachter Art immer eine Abweisung a limine ist. Es mag hier gleich daran erinnert werden, wie die neueste Entwicklung noch weiter gegangen ist. Das jetzige Recht der C.P.O. kennt eine Abweisung a limine per decretum überhaupt nicht mehr, weil ihm jede Vorprüfung der Klage fremd ist.[13]) Mithin muß sogar die Abweisung in angebrachter Art jetzt immer durch Urtheil erfolgen, sie setzt, abgesehen vom Falle des Versäumnißurtheils (C.P.O. § 296), immer eine kontradiktorische und, — wenn nicht ausnahmsweise eine prozeßhindernde Einrede (C.P.O. § 247) vorliegt,[14]) — sogar eine,

---

[10]) l. c. S. 81—115.

[11]) Westerburg l. c. IX. S. 255 ff. und S. 345—355.

[12]) Bülow a. a. O. S. 281 Not. 36.

[13]) Vgl. die Glossen des Verfassers zur C.P.O. bei Gruchot Bd. 21 S. 595 ff

[14]) Ueber den besonderen Fall des Protestes gegen die Klageänderung vgl. den Aufsatz des Verfassers in diesem Hefte.

selbstverständlich eventuelle, Verhandlung zur Hauptsache voraus. Ein plastischer Unterschied zwischen dem pure und dem in angebrachter Art abweisenden Urtheil fehlt also heute gänzlich; um so mehr müssen die innere logische und die historische Verschiedenheit beider Erkennt= nißarten hervorgehoben werden.

§ 5.

Wie sich nun historisch aus den oben bloßgelegten Wurzeln das Institut der Abweisung angebrachter Maßen gemeinrechtlich entwickelt hat, soll hier nicht näher dargestellt werden. Das Ergebniß ist je= denfalls zweifellos: die Abweisung in angebrachter Art ist gemeines, unbestrittenes Gewohnheitsrecht.

Dagegen muß noch ein Blick auf die eigenthümliche Entwicklung des preußischen Rechtes geworfen werden.[45])

Die Allgemeine Gerichts=Ordnung hatte bekanntlich mit der Verhandlungs= und Eventualmaxime vollständig gebrochen und an deren Stelle die Inquisitionsmaxime in den Civilprozeß eingeführt. Der Richter sollte von Amtswegen dafür sorgen, daß alle Umstände und Thatsachen, welche zur Begründung der Klage oder einer Einrede gehören, in genügender Weise dargestellt und aufgeklärt werden und sollte hierzu die Parteien ex officio mit aller Sorgfalt und uner= müdet anhalten.[46]) Er war demgemäß auch durch keine Eventual= maxime gebunden, sondern konnte zu jeder Zeit bis zum Ausgang des Prozesses neue Behauptungen berücksichtigen.[47]) Ebenso durften auch die Parteien noch zu jeder Zeit ihre Anträge ändern, und nur die eine Schranke war in allen diesen Richtungen gesetzt, daß ver= boten war, nachträglich ein ganz neues Klagefundament in den Prozeß einzuführen.[48])

Aus allem dem folgt von selbst, daß für eine Abweisung ange= brachter Maßen — welche ja lediglich auf der Verhandlungs= und daneben noch der Eventualmaxime beruht — in dem System der Allgemeinen Gerichts=Ordnung kein Raum war; denn der Richter mußte hiernach etwaige Lücken und Unklarheiten in den thatsächlichen Anführungen und Anträgen der Parteien von Amtswegen ausfüllen

---

[45]) Ich wiederhole im Folgenden im Wesentlichen meine Ausführungen in meiner „Abweisung" S. 11 ff.

[46]) A.G.O. I. 10 § 2.

[47]) A.G.O. I. 10 § 3.

[48]) A.G.O. I. 10 § 5a.

ober aufklären und durfte erst dann, wenn dies geschehen, sein Ur=
theil abgeben.

Dementsprechend wird denn auch in der Allg. Gerichts=Ordnung
eine Abweisung angebrachter Maßen gar nicht erwähnt; vielmehr
heißt es im § 43 I. 13 derselben ausdrücklich, daß mit Ausnahme
besonderer, hier nicht in Betracht kommender Fälle jeder Prozeß durch
das Urtheil definitive entschieden werden soll.

Wenn es deshalb auch nicht von Suarez[19] ausdrücklich be=
stätigt wäre, so würde dennoch nicht wohl ein Zweifel daran be=
stehen können, daß die Allg. Gerichts=Ordnung das Institut der
Abweisung in angebrachter Art bewußter Maßen reprobirt hat.[50]

Indessen bewährte sich auch hier die alte Erfahrung, daß man
das Recht nicht willkürlich durch Gesetze fabriziren kann, sondern daß
es aus Nationalität, Kultur und Wirthschaft des Volks herauswächst
und in den Gesetzen nur den zeitweiligen adäquaten Ausdruck zu
finden hat. Die Inquisitionsmaxime paßte eben entschieden nicht
zu dem Kultur= und Rechtsstande auch schon der damaligen Zeit und
steht überhaupt mit der ganzen Natur unseres auf individueller
Willensfreiheit basirten Privatrechts in so schreiendem Widerspruch,
daß sie zwar auf dem Papier eingeführt, nicht aber in Wirklichkeit
durchgeführt werden konnte. Die innere Vernunft der Dinge setzte
sich durch die Praxis, d. i. das Gewohnheitsrecht, in Wirklichkeit um.
Demgemäß wird denn von autoritativer[51] Seite bestätigt, daß die
Abweisung angebrachter Maßen, trotz der Allg. Gerichts=Ordnung,
nach wie vor thatsächlich zu Recht bestand, und es hatte allerdings
die Allg. Gerichts=Ordnung insofern eine Hinterthür für sie offen
gelassen, als nach ihr der Richter wenigstens nach geschehener voll=
ständiger Instruktion der Sache nicht mehr verpflichtet war, auf
neue Thatsachen und Umstände Rücksicht zu nehmen.[52]

[19] Vgl. Striethorst Bd. 75 S. 250.
[50] Vgl. auch Arndts, Jurist. Wochenschrift, Jahrgang 1846 S. 226: „der
allgemeinen Gerichtsordnung ist eine Abweisung angebrachter Maßen fremd. Und
nach ihrer Grundlage konnte sie auch in dem ganzen Bau des von ihr beabsich=
tigten Verfahrens entbehrt werden; eine gehörige Vollziehung ihrer Vorschriften
mußte den Fall, daß sie als ein wirkliches Bedürfniß herantrete, geradhin aus=
schließen".
[51] Vom Ober=Tribunal in der schon öfters zitirten Entscheidung bei Striet=
horst Bd. 75 S. 250.
[52] A.G.O. I. 10 § 3.

Durch die Prozeßgesetze von 1833 und 1846 über den sogenannten summarischen — d. h. den bisherigen ordentlichen preußischen — Civilprozeß gab man auch legislativ die Inquisitionsmaxime auf, indem man zu deren kontradiktorischem Gegensatz, der Verhandlungsmaxime sowie der Eventualmaxime zurückkehrte. Hiermit war aber von selbst auch die Abweisung angebrachter Maßen gesetzt; denn diese ist die nothwendige Begleiterin der Verhandlungsmaxime, die Lösung des Widerspruchs, welcher unabwendbar eintreten muß zwischen der unbedingten Urtheilspflicht des Richters einerseits und der Unmöglichkeit des logischen Urtheils bei mangelhafter Substanziirung der Klage (dies im weiteren Sinn) andererseits. „Die Abweisung angebrachter Maßen hatte also, nachdem sie lange Zeit ein zwar unentbehrliches, aber nicht gehörig legitimes Glied des preußischen Prozesses war, nunmehr nachträglich auch ihren legalen Heimathsschein, ihren gesetzlichen Boden wieder erhalten."

Selbstverständlich unterschied sich die preußische Abweisung angebrachter Maßen auch nicht im geringsten von ihrer gemeinrechtlichen Schwester. Aber schon der geschilderte Entwicklungsgang macht begreiflich, daß dieses nur halb legitime Kind hier vielfachen Anfeindungen und Mißverständnissen ausgesetzt sein mußte. Es kam hinzu, daß das preußische Recht an Bestimmungen über die res judicata äußerst arm ist,[53] und daß diese wenigen Bestimmungen sich zudem nur auf die definitive Abweisung beziehen konnten, aber in ihrer allgemeinen Fassung Mißverständnisse geradezu herausforderten. Traten nun auch noch mißverständliche Auffassungen der römischen Konsumtionslehre hinzu,[54] so war gar nicht anders zu erwarten, als daß die am Anfange dieses Aufsatzes (§ 2) geschilderten Irrungen in der preußischen Praxis und Theorie entstehen mußten.

§ 6.

Die C.P.O. beruht durchaus auf der Verhandlungsmaxime. Zwar ist dies Prinzip in keinem der Paragraphen der C.P.O. aus-

---

[53] Sie sind zusammengestellt von Förster bei Gruchot II. S. 345. Namentlich kommen §§ 65 und 66 der Einleitung zur A.G.O. in Betracht.

[54] Wie von Koch in der zu Note 12 zitirten Aeußerung! Dieselbe bedarf an dieser Stelle keiner Widerlegung mehr. Uebrigens ist es interessant, zu sehen, daß in ähnlichem Gedankengang Helmolt, Verhältniß der Exzeptionen zur Beweislast S. 175, sogar in Folge einer Abweisung wegen Inkompetenz eine Kon-

drücklich als solches aufgestellt, aber die Motive (S. 127) bemerken mit Recht:

„Daß der Entwurf von der Verhandlungsmarime aus=
geht, ergiebt sich aus der Struktur des Verfahrens und aus
zahlreichen Einzelbestimmungen."

Wie sehr das Verfahren als Ganzes auf dem Grundsatze der Selbstthätigkeit der Parteien beruht, bedarf wohl keiner näheren Ausführung. Von den Einzelbestimmungen, die sich als Konsequenzen der Verhandlungsmarime darstellen, tritt am meisten hervor der § 279, wonach nicht ultra petita erkannt werden darf, auch nicht auf Früchte, Zinsen und andere Nebenforderungen;[55]) es kommen aber noch eine ganze Reihe anderer Bestimmungen in Betracht, welche sich gleichfalls als Ausfluß der Verhandlungsmarime dar= stellen.[56])

Daß die Verhandlungsmarime ein Grundprinzip des neuen Civilprozesses ist, hat auch die Reichstags=Justiz=Kommission klar erkannt, indem sie in ihrem Berichte an das Plenum vom 19. Ok= tober 1876 sagte:

„die Kommission gab der Anerkennung der im Civil=
prozeß vorherrschenden Verhandlungsmarime — —
noch durch Annahme einiger Aenderungsanträge Ausdruck,"

und ebenso hat es die Wissenschaft anerkannt. Ich verweise na= mentlich auf die vorzügliche Ausführung von Bülow's in dieser Zeitschrift (zitirt in Note 56), ferner auf Fitting, der Reichscivil= prozeß S. 72, wo als leitender Grundsatz des Verfahrens neben anderen angeführt ist:

„Die sog. Verhandlungsmarime, d. h. der Grundsatz, daß die
Gerichte bei ihren Entscheidungen an die Vorträge und Anträge
der Parteien gebunden sind. An die Vorträge, d. h. sie dürfen nur
diejenigen Thatsachen und Beweismittel berücksichtigen, auf welche

---

sumtion des Klageanspruchs eintreten lassen wollte. Derartigen Verirrungen ist durch die Bülow'schen Untersuchungen nun wohl für alle Zeiten vorgebeugt.

[55]) Nur über die Verpflichtung, die Prozeßkosten zu tragen, hat das Gericht auch ohne Antrag zu erkennen. § 279 Abs. 2.

[56]) Vgl. die Zusammenstellung v. Bülow's in seinen Glossen bei Gruchot XXII. S. 100 ff. Hervorzuheben namentlich §§ 38—40 Prorogation. Vgl. dazu Westerburg, Glossen bei Gruchot Bd. 21, S. 581 ff., §§ 295, 296 (Versäumniß= urtheil nur auf Antrag), § 369 Abs. 4 (Einigung auf Sachverständige), § 415 (normirter Eid), §§ 498, 499 (Begrenzung der Berufung durch die Anträge).

sich die Parteien selbst bei der Verhandlung berufen haben. An die Anträge, d. h. sie dürfen Nichts erkennen, was nicht beantragt ist, und namentlich keiner Partei mehr zusprechen, als sie selbst beantragt hat."

Das richterliche Fragerecht des § 130 C.P.O. steht mit dieser Verhandlungsmaxime keineswegs im Widerspruch, soll sie auch nicht einschränken, sondern muß sich innerhalb der durch dieselbe gestellten Grenzen bewegen. Sehr treffend sagt von Bülow a. a. O. (S. 104):

„Eine Ueberschreitung der Grenze auf das Gebiet der Unter=suchungsmaxime liegt völlig außer dem Willen des Gesetzes. Unzulässig wäre daher z. B. die Verwerthung des Fragerechts zu dem Zweck, die Parteien zur Einführung neuer Thatsachen, Beweise, Angriffs= oder Vertheidigungsmittel in den Rechts=streit zu induziren, oder die Anordnung eines Urkunden=, Augenscheins= oder Sachverständigen=Beweises zu dem Zweck, von Amtswegen Beweise über nicht vorgebrachte Thatsachen herbeizuschaffen. Ebenso groß wie das Vertrauen, wel=ches das Gesetz dem Richter schenkt, muß die Sorge sein, es nicht zu täuschen. Die richtige Grenze wird ein verständiger Richter unschwer finden, wenn nur das Prinzip der Verhandlungsmaxime, das Dis=positionsrecht der Parteien, stets lebendig in seinem Bewußtsein bleibt."

Neben dem Prinzip der Verhandlungsmaxime und im engen Zusammenhang damit steht der Grundsatz der thatsächlichen Substanziirung. Auch diese Maxime ist zwar nirgends aus=drücklich ausgesprochen, aber sie geht aus der ganzen Anlage des Prozesses hervor und findet ihren unzweideutigen Ausdruck in einer Reihe von Bestimmungen, wie: § 230 Nr. 2, wonach die Klage=schrift die bestimmte Angabe des Gegenstandes und des Grundes des erhobenen Anspruchs (Klagefundament im heutigen Sinn) ent=halten muß; § 240 Nr. 1, wonach es nicht als eine Aenderung der Klage anzusehen ist, wenn die (also vorausgesetzten) thatsächlichen oder rechtlichen Anführungen nur ergänzt oder berichtigt werden, und wonach also die neue Einführung eines anderen faktischen Klage=grundes eine Klageänderung ist; §§ 259, 261, 264, 266, wonach überall nur Thatsachen, die vorher behauptet, festzustellen sind;

in § 284 Nr. 3, wonach jedes Urtheil einen Thatbestand ent=
halten muß; § 296, wonach im Fall der Versäumniß des ganzen
Termins durch den Verklagten die vom Gegner behaupteten That=
sachen als zugestanden gelten; endlich besonders in § 129, wonach
jede Partei sich über die vom Gegner behaupteten Thatsachen zu
erklären hat.

Endlich ist auch die unbedingte Urtheilspflicht des Richters
in der C.P.O. anerkannt;[57]) selbst wo Prozeßvoraussetzungen fehlen,
muß der Richter durch Urtheil entscheiden (§§ 248, 249, 466);
und es muß sogar der Richter jetzt auch immer durch ein for=
melles Urtheil befinden, da er keine Klage per decretum a limine
mehr abweisen darf[58]) (vergl. § 5 in fine).

Aus der Verbindung dieser Prinzipien ergiebt sich aber, wie
wir gesehen, mit zwingender Nothwendigkeit die Urtheilsgattung der
Abweisung angebrachter Maßen. Sie ist die nothwendige Begleiterin
der Verhandlungsmaxime, die Lösung des Widerspruchs zwischen
äußerer Urtheilspflicht und innerer Urtheilsunmöglichkeit.

Mithin muß auch im Prozeß der C.P.O. die Abweisung an=
gebrachter Maßen enthalten sein.

Allerdings ist richtig, daß die C.P.O. die Abweisung in ange=
brachter Art nicht ausdrücklich erwähnt. Aber daraus kann nicht
auf die Verwerfung dieses Instituts geschlossen werden. Die C.P.O.
erwähnt auch nicht ausdrücklich die Abweisung „zur Zeit" oder
„wegen Unzulässigkeit des Rechtswegs", und doch wird kein Ver=
ständiger behaupten wollen, diese Urtheilsarten seien jetzt abgeschafft,
es müsse jetzt immer hier die Klage definitiv abgewiesen werden.
Daß übrigens die Verfasser der C.P.O. auch keineswegs im Sinne
hatten, die Abweisung angebrachter Maßen zu beseitigen, sondern
sich dieselbe nach wie vor als lebendiges Recht dachten, ergiebt sich
aus den Motiven, wo es S. 233 heißt:

„der zweite Absatz des § 286 (jetzt 296) bestimmt daher mit
gutem Grund, daß nur, soweit das klägerische mitgetheilte Vor=
bringen den Klageantrag rechtfertigt, der säumige Verklagte zu
verurtheilen, soweit dies nicht der Fall, die Klage (je nach
Umständen definitiv, für jetzt, in angebrachter Art) abzu=
weisen ist."

57) C.P.O. § 272.
58) C.P.O. § 233.

Der Grund, weshalb die C.P.O. die Abweisung in angebrachter Art nicht besonders erwähnt, ergiebt sich aus unserer in §§ 2—5 gegebenen Dogmengeschichte dieses Institutes. Die ganze bisherige Doktrin hat eben die Abweisung in angebrachter Art durchaus vernachlässigt und niemals sich zu einer Analyse ihres spezifischen Wesens angeschickt. Man schleppte sie einfach als Abart der Abweisung schlechthin mit, obgleich sie von derselben toto capite verschieden ist. So versteht sich denn von selbst auch die Vernachlässigung in der C.P.O., welche ja, wie jedes Gesetz, auf dem Stande der Wissenschaft zu ihrer Zeit beruht und aus diesem ihre Erklärung finden muß.

Positiv ausgeschlossen hat die C.P.O. die Abweisung angebrachter Maßens nirgends. Wer dies aus § 296 C.P.O. Abs. 2:

„Soweit derselbe den Klageantrag rechtfertigt, ist nach dem Antrage zu erkennen; soweit dies nicht der Fall, ist die Klage abzuweisen."

nachweisen will, hat nicht nur die oben mitgetheilten Motive zu diesem Paragraphen gegen sich, sondern scheitert auch an dem Satze, daß, wer zu viel beweist, gar Nichts beweist. Denn wäre diese Auffassung des § 296 Abs. 2 richtig, so müßte z. B. auch da, wo aus dem eigenen Vorbringen des Klägers nur die Abweisung zur Zeit oder wegen Inkompetenz u. dergl. m. sich rechtfertigen würde, der Klageanspruch definitiv aberkannt werden. Dieses Resultat will aber wohl Niemand mit in den Kauf nehmen. Der § 296 Abs. 2 erklärt sich eben einfach daraus, daß hier das Wort „abweisen", wie so oft, im weiteren Sinn gebraucht ist, wonach es nicht nur die definitive Abweisung, sondern auch jene anderen Abweisungen, auch diejenige in angebrachter Art, unter sich begreift.

Wie wenig aus § 130 (Fragerecht) aber prinzipiell etwas folgt, ergiebt die Stellung, welche nach unseren obigen Ausführungen die Verhandlungsmaxime diesem Recht giebt.

Dagegen wird die Existenz der Abweisung angebrachter Maßen in der C.P.O. selbst, wenn auch nur implicite, fest gegründet durch § 293.

§ 293 der C.P.O. bestimmt nämlich in Abs. 1[50]) wörtlich:

„Urtheile sind der Rechtskraft nur insoweit fähig, als über den

---

[50]) Abs. 2 bezieht sich auf die singuläre Kompensationseinrede.

durch die Klage oder die Widerklage erhobenen Anspruch ent=
schieden ist."

Durch diesen Satz sollte freilich in erster Linie die Savigny'=
sche Theorie von der Rechtskraft der sog. objektiven Entscheidungs=
gründe beseitigt werden, wie dies die Motive näher ergeben.[60])
Allein es wird durch diesen Satz und das in ihm ausgesprochene
Prinzip doch auch weiter offenbar die materielle Rechtskraft eines
Urtheils ausgeschlossen, das überhaupt über den durch die Klage
oder Widerklage[61]) erhobenen Anspruch „nicht entscheidet." Ein
solches Urtheil ist aber die Abweisung angebrachter Maßen; ihr
Wesen besteht, wie oben dargethan, in der Ablehnung einer sachlichen
Entscheidung, ihre praktische Bedeutung in der Ausschließung der
exceptio rei judicatae.

Die C.P.O. hat also die Abweisung angebrachter Maßen nicht
beseitigt, sondern setzt sie als nothwendiges Glied ihres Organis=
mus voraus und bestätigt sie implicite. Hätte aber sogar auch die
C.P.O. die Beseitigung wirklich beabsichtigt, so wäre dies doch ein
vergebliches Bemühen gewesen. Denn so hoch auch die Autorität
des Gesetzes steht, so kann es doch niemals etwas durchführen, was
mit der inneren Vernunft der Dinge, der „Natur der Sache" in
unlöslichem Widerspruche steht. Die Geschichte des preußischen Rechts
hat uns ja gerade hier den besten Beleg geliefert. Auch die A.G.O.
hatte das Institut des „wie angebracht" abweisenden Erkenntnisses
nicht aufgenommen, und hier war es wirklich bewußter Maßen und
vom Standpunkte des reinen Inquisitionsprinzips auch ganz kon=
sequent reprobirt. Da aber die Untersuchungsmaxime selbst nicht
konsequent durchgeführt war und andererseits auch wieder in sich
einen unlöslichen Widerspruch mit dem auf der Dispositionsfreiheit
beruhenden materiellen Civilrecht enthielt, so bestand, contra legem,
schon unter der Alleinherrschaft der A.G.O. die Abweisung ange=
brachter Maßen in allgemeiner Uebung. Die „Vernunft der Völker",
dieser Urquell des Gewohnheitsrechts, ist stärker als das gewillkürte
Gesetz.

Dem Praktiker ist in der That die Abweisung angebrachter
Maßen auch heute noch ganz unentbehrlich. Was bleibt ihm bei

---

[60]) Vgl. von Bülow, Prozeßordn. zu § 293.
[61]) oder Kompensationseinrede.

völlig mangelnder Klarlegung des Sachverhalts, beim Fehlen noth=
wendiger thatsächlicher Angaben, bei verworrenen, widerspruchsvollen
Anträgen andres übrig, als eine materielle Entscheidung überhaupt
abzulehnen? Eine Aberkennung ist ja in solchen Fällen ebenso un=
möglich und unzulässig, als eine Anerkennung, es liegt eben ein lo=
gisches non liquet vor.[62] Freilich kann durch geeignete Benutzung
des richterlichen Fragerechts (§ 130) oft geholfen werden. Aber
dieses Mittel wirkt doch nur dann, wenn lediglich aus Rechtsun=
kenntniß,[63] Ungeschick, Nachlässigkeit, Uebersehen u. s. w. der Partei
oder des Anwalts eine thatsächliche Anführung vergessen oder sonst
ein Versehen begangen ist. Und selbst in diesen Fällen hilft das
Fragerecht nur unter der Voraussetzung, daß die Partei resp. der
Anwalt ausreichende Antwort giebt und geben will; ein Antworts=
zwang existirt nicht und es weiß Niemand mehr, als der deutsche
Richter, ein Lied davon zu singen, wieviel eigensinnige Trotz= und
Querköpfe zwischen Mosel und Niemen zu finden sind. Andererseits
giebt es aber auch verschiedene große Kategorien von Fällen, in
denen das Fragerecht von Haus aus überhaupt gar Nichts helfen
kann. Dahin gehören vor Allem die Prozesse, wo durch spätere Mo=
difikationen, Restriktionen, unzulässige Klageänderungen u. s. w.
prozessualisch die Sache dahin gebracht ist, daß, gerade im eigenen
Interesse des Klägers und des materiellen Rechts, kein anderer Aus=
weg übrig bleibt, als durch Durchhauung des Knotens mittelst
der Abweisung angebrachter Maßen wieder freie Bahn zu schaffen.
Welchem Praktiker sind nicht derartige verzweifelte Fälle aus seiner
Erfahrung nur allzu erinnerlich?! Ich gebe zu, daß in Folge des
mündlichen Verfahrens und des Entfallens der Eventualmaxime für
die eigentliche Verhandlung zur Hauptsache, namentlich bei einem
geschickten Vorsitzenden resp. Amtsrichter, solche Konfusionen in Zu=
kunft viel seltener als früher vorkommen werden; ausgeschlossen
werden sie erst dann sein, wenn es unter Parteien und Anwälten

---

[62] Beim thatsächlichen non liquet, also bei Unzulänglichkeiten in der Be=
weisinstanz, ist ein sachliches Urtheil deshalb möglich und nothwendig, weil im
Civilprozeß nur das Prinzip der relativen Wahrheit gilt, also was nicht er=
wiesen ist, als nicht wahr gilt.

[63] Dieselbe ist auch bei geprüften Juristen bekanntlich keineswegs ausge=
schlossen. Examine rite superato ignorantia juris non nocet war ein beliebtes
Motto auf den „Protokollen" des Berliner Einpaukers Joseph Schmidt.

keine Konfusionarien mehr giebt. Auch ist die Eventualmaxime doch nur theilweise beseitigt.[64] Gerade bezüglich der Klage besteht die Ausnahme, daß das eigentliche Klagefundament in der Klageschrift enthalten sein muß; Ergänzungen und Berichtigungen sind später zulässig, aber keine neuen Einführungen; und wenn allerdings in erster Instanz ein Protest gegen die Klageänderung ausdrücklich und vor der Einlassung auf die geänderte Klage geschehen muß und in letzterer Beziehung ein Stück der Eventualmaxime zum Nachtheil des Verklagten erhalten ist,[65] so ist ebenso andererseits unverkennbar, daß in dem wenn auch beschränkten Verbote der Klageänderung in demselben Maße ein Stück Eventualmaxime zum Nachtheil des Klägers konservirt ist.

Die Hauptgruppe der Fälle, wo die Abweisung angebrachter Maßen unentbehrlich ist, bilden aber diejenigen, wo der Umfang der thatsächlichen Begründung der Klage von der verschiedenen Rechtsansicht über das Mehr oder Minder abhängt, was in abstracto oder vielleicht auch nur in concreto zur thatsächlichen Fundirung des Anspruchs gehört, und wo die Partei resp. der Anwalt absichtlich und überlegt gerade nur diejenige Rechtsansicht durchsetzen will, welche das minus verlangt, weil das plus gar nicht oder nur schwerer oder unter der Gefahr der Provokation gefährlicher Einreden nachzuweisen ist. In diesen Fällen ist eine Abweisung in angebrachter Art gar nicht zu umgehen, wenn das Gericht zur Begründung des Anspruchs mehr verlangt, als der Anwalt; eine Ausübung des Fragerechts würde hier gar keinen Erfolg haben und sie würde auch nach der richtigen Begrenzung, die dieses Fragerecht durch die Verhandlungsmaxime finden muß, überhaupt hier nicht einmal statthaft sein.

Unsere Ansicht, daß die Abweisung angebrachter Art noch jetzt besteht, wird auch von einer ganzen Reihe von Autoritäten getheilt. Vgl. vor Allen von Bülow: in seinen Glossen bei Gruchot Bd. 22 S. 708, und in seiner Prozeßordnung bei §§ 272, 293, 296; ferner: Fitting, der Reichscivilprozeß (3. Auflage) S. 160:

„Geht das Endurtheil nicht auf die Hauptsache ein, weil sich eine vom Beklagten vorgebrachte prozeßhindernde Einrede oder ein

---

[64] Vgl. darüber die ausführlichen Glossen v. Bülows bei Gruchot Bd. 22 S. 106 ff.

[65] v. Bülow a. a. O. S. 116.

schon von Amtswegen zu berücksichtigender prozeßhindernder Umstand als begründet herausgestellt hat, so wird immer nur eine einstweilige Abweisung der Klage ausgesprochen."

und in der Note 10 daselbst:

„Eine allgemeine Formel für die einstweilige Abweisung der Klage wegen eines prozeßhindernden Umstandes ist: Abweisung der Klage wie sie angebracht ist oder angebrachter Maßen. Besondere Formen der einstweiligen Abweisung sind: Abweisung „von hier" oder „von diesem Gericht", d. h. Abweisung wegen Unzuständigkeit des Gerichts, Abweisung „zur Zeit," d. h. wegen eines zur Zeit noch bestehenden Hindernisses, z. B. wegen einer der in C.P.O. § 247 Nr. 4, 5 bezeichneten prozeßhindernden Einreden."

Es muß nur gegen die Darstellung Fittings erinnert werden:

1) daß zwar von ihm die Abweisung angebrachter Maßen ganz richtig mit derjenigen wegen einer sog. prozeßhindernden Einrede (§ 247) auf eine Linie gestellt wird, daß aber die Fälle der letzteren das Gebiet der Abweisung angebrachter Maßen nicht im Entferntesten erschöpfen (vgl. unten § 7);

2) daß die Abweisung „zur Zeit" wegen einer sachdilatorischen Einrede von der Abweisung angebrachter Maßen durchaus zu trennen ist und zu der definitiven Abweisung gestellt werden muß (vgl. die oben in § 5 mitgetheilte Ausführung Oskar Bülow's und unten § 7.)

Auch Endemann, der deutsche Civilprozeß, statuirt unbedenk-lich die Abweisung angebrachter Maßen. Hervorzuheben sind na-mentlich folgende Bemerkungen zu § 293 (Bd. II S. 138—139):

„Was die Abweisung der Klage oder Widerklage anlangt, so ergiebt sich, daß die Entscheidung, welche abweist, ohne auf den In-halt derselben einzugehen, also die Abweisung auf Grund einer pro-zeßhindernden Einrede, nicht rechtskräftig wird (§ 248). Denn so-weit sie über die Einrede erkennt, ist sie überhaupt der Rechtskraft nicht fähig, und über den Grund des Anspruchs erkennt sie nicht... Was sonst die Abweisung des Klage- oder Widerklageanspruchs be-trifft, so ist anzunehmen, daß sie, wenn nicht die natürliche Logik verleugnet werden soll (vgl. Bd. I. S. 488 Note 2), nicht auf Grund einer Einrede erfolgen kann, ohne daß vorher der Anspruch geprüft und begründet befunden worden ist. Wird der Anspruch definitiv abgewiesen, weil er an sich thatsächlich oder rechtlich unbegründet ober unerweislich erfunden wurde, so kann über die Bedeutung der Rechtskraft kein Zweifel sein. Allein die Zurückweisung kann auch vielleicht nur den Sinn einer Abweisung wie an= gebracht, wegen ungenügender Substanziirung haben, obwohl dies bei verständiger Ausnutzung des mündlichen Verfahrens füglich selten sein wird." (Aus dem Folgenden ergiebt sich, daß Endemann aus einem solchen Urtheil keine exceptio rei judicatae hervorgehen läßt.)

Endlich ist auch ein neuer Anwendungsfall der Abweisung an= gebrachter Maßen zu erwähnen, der erst durch die C.P.O. gegeben ist. Hierauf macht Weismann in seiner Schrift über die Fest= stellungsklage[66]) aufmerksam. Die Feststellungsklage setzt ein recht= liches Interesse voraus, daß das Rechtsverhältniß oder die Echt= heit oder Unechtheit einer Urkunde alsbald festgestellt werde. Weismann sagt nun, m. E. mit Recht (S. 161, 162):

„Das Interesse bildet nur die Voraussetzung der Prozeßanti= zipation; die Abweisung einer Feststellungsklage wegen mangelnden Interesses besagt nichts weiter, als daß die Voraussetzung zu der beantragten Antizipation nicht vorliegt, daß der Antizipationsantrag nicht statthaft sei; die Abweisung einer Feststellungsklage wegen mangelnden Interesses ist immer nur eine Ab= weisung wie angebracht. Die definitive Abweisung einer positiven Feststellungsklage kann nur darum erfolgen, weil das frag= liche Rechtsverhältniß nicht bestehe, die fragliche Urkunde unecht sei, die definitive Abweisung einer negativen Feststellungsklage nur, weil das fragliche Rechtsverhältniß bestehe, die fragliche Urkunde echt sei."

§. 7.

In einem Systeme des deutschen Prozeßrechts würde sonach die Lehre von den Endurtheilen (seien es Endurtheile im e. S., seien es Theilurtheile, welche letztere ja ebenfalls Endurtheile über einen Theil des Anspruchs oder der Ansprüche darstellen) etwa folgenden Passus enthalten müssen:

Die Endurtheile im w. S. zerfallen ihrem materiellen Inhalte nach in zwei Hauptgruppen:

---

[66]) Bonn bei Adolph Marcus. 1879. Dieses interessante Buch ist nament= lich auch wegen seiner werthvollen historischen Untersuchungen sehr zu empfehlen.

1) Sie entscheiden definitiv in der Hauptsache, erkennen also den
Anspruch (die Ansprüche) zu oder ab.

2) Sie verweigern eine Entscheidung in der Hauptsache resp. die
Einleitung des Prozesses über die Hauptsache.

Daneben stehen als eigenthümliche Mittelgruppe

3) die zwei Fälle, wo

    a) eine prozeßhindernde Einrede verworfen wird (§§ 247,
    248),

    b) ein nach Grund und Betrag streitiger Anspruch seinem
    Grunde nach als existent festgestellt wird (§ 276).

Zu 1. In jedem Rechtsstreite handelt es sich um die Ver-
folgung eines oder mehrerer Rechtsansprüche. Der einfachste Fall
ist der, wenn nur Ansprüche des Klägers in Frage stehen; es können
aber auch compensando oder reconveniendo Ansprüche des Verklagten
geltend gemacht werden. Der Zweck des Prozesses ist bei den Prä-
judizial= oder Feststellungsklagen (§§ 231, 253) nur der, die bestrittenen Ansprüche in ihrer Existenz oder Nicht=Existenz festzustellen (pronuntiatio, deklaratives oder dezisives Moment). Bei
allen anderen Klagen besteht daneben noch der zweite praktische
Zweck der Verurtheilung des Gegners zur thatsächlichen Anerkennung,
insbesondere Erfüllung, des bestrittenen Anspruchs (condemnatio,
imperatives oder dispositives Moment). Daneben ist aber immer
auch das erste Moment gegeben, das sogar als das eigentliche, wesentliche erscheint, obgleich häufig, namentlich bei Forderungsklagen,
nur das zweite Moment, die Dispositive, äußerlich in der Urtheils=
formel (dem Tenor) hervortritt. „Die beiden Momente sind (mit
Ausnahme der Feststellungsklagen) immer gleichzeitig gegeben; nicht
nur bei dinglichen (absoluten) Ansprüchen, wo sie sich besonders
scharf trennen, sondern auch bei persönlichen (relativen) Ansprüchen.
Auch hier sagt der Richter: 1) B ist dem A aus Darlehen 100
schuldig, 2) deshalb soll der B dem A 100 zahlen. Man kann sich
beide Momente in dem logischen Verhältniß von Grund und Folge
denken, die Verurtheilung ergeht, weil der Anspruch zugesprochen
wird; es wird logisch richtiger sein, die Dispositive nur als impe-
rative Form der Dezisive aufzufassen, die bei mehreren theils zu=
theils aberkannten Ansprüchen und Gegenansprüchen das praktische
arithmetische Resultat zieht. Hieraus folgt nun von selbst, daß

nicht die Dispositive, sondern die Dezisive den eigentlichen Inhalt, die Substanz, des Erkenntnisses bildet."[67])

Wie nun die Dezisive jeden Anspruch positiv oder negativ fest=stellt, d. h. zu= oder aberkennt: so geht auch die Urtheilsformel (Dispositive) nur auf ein Doppeltes: entweder sie verurtheilt den Verklagten oder sie weist den Kläger (pure) ab. Die sog. gemischten Urtheile, wodurch zum einen Theil der Verklagte verurtheilt, zum anderen Theil der Kläger abgewiesen wird, sind keine dritte Gattung, sondern nur eine Verbindung von zu= und absprechenden Urtheilen.[67a]) Auch die Ausnahme bei dem nach dem Antrag der Wiberklage ver=urtheilenden Erkenntnisse ist nur eine scheinbare, da hier der Ver=klagte gleichzeitig auch Kläger ist, also zwei Prozesse mit umgekehrten Parteirollen gleichzeitig nebeneinander verhandelt werden.

Die Abweisung kann übrigens quoad tempus entweder für immer oder nur auf Zeit („zur Zeit") erfolgen, z. B. wegen einer zur Zeit des Urtheils noch laufenden Kündigungsfrist, eines bewie=senen pactum de non petendo intra certum tempus u. s. w. (excep-tio dilatoria). Auch diese Abweisung zur Zeit ist aber ein mate=rielles, im hier fraglichen Sinne definitives Erkenntniß; sie begrün=det daher auch die exceptio rei judicatae; nur ist deren Wirksamkeit auf einem gewissen Zeitraum beschränkt.

Zu 2. Ganz verschieden sind diejenigen Endurtheile, welche den Prozeß zwar formell zum Abschlusse bringen, aber materiell über die erhobenen Ansprüche nicht entscheiden, vielmehr eine materielle An= oder Aberkennung der Ansprüche ablehnen. Sie finden na=mentlich statt, wenn die sog. Prozeßvoraussetzungen nicht gegeben sind, wenn also z. B. der Gegenstand, über welchen richterliche Ent=scheidung begehrt wird, gar nicht zur Kompetenz der Gerichte über=haupt (Unzulässigkeit des Rechtswegs) oder des angegangenen Ge=richts (sachliche oder örtliche Unzuständigkeit) gehört, oder wenn aus

---

[67]) Westerburg, Archiv für prakt. R.W. N. F. Bd. IX. S. 228. Dies gilt auch noch jetzt. Der § 293 C.P.O. verwirft nur die Rechtskraft der Ent=scheidungsgründe (auch der objektiven). Dagegen ist es unrichtig, anzunehmen, er wolle nur dem Tenor die Kraft der res judicata beilegen. Der Tenor ist viel=fach ganz farblos und überhaupt nur ein äußerliches Moment; es entscheidet der Inhalt des Urtheils, zu dessen Erkennung freilich der Tenor die nächste Quelle bildet, aber keineswegs die einzige. Dahin sind die Ausführungen v. Bülow's, Proz.=Ordn. zu § 293 zu berichtigen.

[67a]) Savigny, System VI. S. 301 ff.

sonstigen Gründen in der Person des Klägers oder des Verklagten
der Rechtsstreit überhaupt oder zur Zeit nicht möglich ist oder nicht
aufgenommen zu werden braucht. Hierher gehören namentlich die
Fälle des § 247, wo ausnahmsweise das Prinzip der eventuellen
Einlassungspflicht in der Richtung durchbrochen ist, daß der Verklagte das Recht hat, zunächst die Frage, ob überhaupt die Prozeßvoraussetzungen vorliegen, zur abgesonderten Entscheidung zu bringen.
Diese sog. prozeßhindernden Einreden erschöpfen aber keineswegs das
Gebiet der Abweisung in der angebrachten Art. Die letztere hat
vielmehr ihre häufigste Anwendung da, wo eine innere logische
Unmöglichkeit zur Urtheilsfällung wegen mangelhafter Substanzi-
rung vorliegt. (Dieses Wort in dem weiteren Sinne genommen, wo
es alle Fälle unter A in § 3 begreift). Hier darf der Verklagte
nicht die (eventuelle) Einlassung auf die Hauptsache weigern; es
giebt keine exceptio libelli obscuri, inepti u. s. w.; aber das
schließliche Urtheil lehnt auch hier jedes Eingehen auf die Sache
selbst ab. Materiell kann also von einer wirklichen Entscheidung
nicht die Rede sein, einer exceptio rei judicatae fehlt jeder Boden.
Aber formell liegt ein reguläres Erkenntniß vor, das der formellen
Rechtskraft, der Anfechtung durch die regulären Rechtsmittel u. s. w.
unterliegt, und es ist hervorzuheben, daß auch diese Abweisung angebrachter Maßen immer nur durch ein End- (resp. Theil-)urtheil
erfolgen muß, da eine Abweisung der Klage per decretum (a limine)
durch die C.P.O. ausgeschlossen ist.

Zu 3. Die zwei folgenden Fälle haben die Eigenthümlichkeit,
daß sie materiell ein Zwischenurtheil darstellen, formell, in Beziehung auf Rechtsmittel und Kosten, aber die Natur eines End-
urtheils haben:

a) wenn eine prozeßhindernde Einrede verworfen, also die Pflicht
   zur Einlassung auf die Hauptsache ausgesprochen wird,
b) wenn das Gericht bei einem Anspruch zunächst in quali entscheidet und durch diese Entscheidung den Anspruch positiv feststellt.

In beiden Fällen gilt noch die Besonderheit, daß das Gericht
alsbald, ohne die Rechtskraft abzuwarten, auf Antrag anordnen
kann, daß sofort zur Hauptsache resp. in quanto weiter zu verhandeln sei.[68]

---

[68] § 248. § 276 Abs. 2.

Der Einwand der unzuläſſigen Klageänderung in formeller Beziehung.

In dem ſonſt ſehr verdienſtvollen Aufſatze von Meyer „der Prozeßgang nach der Civilprozeßordnung, an einem Rechtsfalle dar= geſtellt" (Gruchot's Beiträge von 1878 S. 1 ff.) findet ſich auf Seite 7 folgender Paſſus, der zu erheblichen Bedenken Anlaß giebt:

B. Ich bringe zunächſt als prozeßhindernde Einrede die Einrede der unzuläſſigen Klageänderung vor.[9]) Der ſchriftlichen Klage liegt ein in einer Summe hingegebenes Darlehn zu Grunde, jetzt ſollen nur 200 Mark baar hingegeben ſein.

Vorſitzender (nach Rückſprache mit den Beiſitzern.[10]) Es wird an= geordnet, daß über dieſe Einrede abgeſondert verhandelt wird.

A. Ich bitte, die Einrede zu verwerfen, in der ſchriftlichen Klage iſt nur behauptet: (lieſt es vor), alſo iſt es nach § 240 Nr. 1 C.P.O. keine Klageänderung.

Vorſitzender: Das Gericht wird Beſchluß faſſen.

(Nach Berathung mit den Mitgliedern): Das Urtheil[1]) geht dahin (lieſt[2]): Es wird die Einrede der Klageänderung verworfen.

A. u. B. Wir verzichten auf Ausfertigung dieſes Urtheils.[3])

---

[9]) §§ 235 Nr. 3, 247 Nr. 3.

[10]) Das Gericht, nicht der Vorſitzende, hat die Anordnung zu treffen (§ 248).

[1]) § 248.

[2]) § 282.

[3]) Die Beſtimmungen über Ausfertigung der Urtheile (§ 284 ff.) gelten für

4 *

Meyer geht hierbei, wie namentlich die Allegate in den ab=
gedruckten Noten ergeben, von folgenden Grundſätzen aus:

1) Die Einrede der unzuläſſigen Klageänderung iſt eine prozeß=
hindernde Einrede überhaupt und ſpeziell diejenige der Rechts=
hängigkeit (§ 247 Nr. 3).

2) Ueber dieſe Einrede iſt, wenn der Verklagte auf Grund derſelben
die Verhandlung zur Hauptſache weigert, oder wenn das Gericht
die abgeſonderte Verhandlung darüber anordnet (§ 248), durch
Zwiſchenurtheil[1]) zu entſcheiden.

Beide Grundſätze ſind gleich falſch, und da die angeregte Frage
von einiger Bedeutung iſt, ſo wird eine eingehende Erörterung der=
ſelben für die Leſer dieſer Zeitſchrift nicht ohne Intereſſe ſein.

I. Rechtliche Natur des Einwandes der unzuläſſigen Klageänderung.

Zur Orientirung mag Folgendes vorausgeſchickt werden:

Gerade weil die C.P.O. in Folge der Grundmaxime der Münd=
lichkeit und des Entfallens der Eventualmaxime (vgl. von Bülow
bei Gruchot Jahrg. 1878 S. 98 ff.) den Parteien die freiſte Ge=
ſtaltung des Prozeſſes anheimgiebt, mußte ſie andererſeits um ſo
mehr darauf halten, daß jeder Prozeß durch die Klageſchrift, welche
ebendaher nicht bloß vorbereitender Schriftſatz, ſondern gleichzeitig
eſſentiell und grundlegend iſt, ſeine beſtimmte Individualität
erhält. Andernfalls würden konfuſe Advokaten durch fortwährende
Klageänderungen, Nachbringungen oder Subſtitutionen von neuen
Klageanträgen, Nachbringung von neuen Klagefundamenten u. dgl.
ein wahres pêle-mêle von Allem und Jedem in einem Prozeſſe
zu Wege bringen können. Die C.P.O. hat daher den Grundſatz
aufgeſtellt, daß eine Klageänderung regelmäßig unſtatthaft ſein ſoll:
und zwar in zweiter Inſtanz ausnahmslos (§ 489), in erſter In=

---

alle Urtheile, auch Theil= und Zwiſchenurtheile. In der Hannover'ſchen Praxis
hielt man einen Verzicht auf beſondere Ausfertigung eines Urtheils für zuläſſig,
und hier werden Parteien es um ſo unbedenklicher thun können, als die hier
getroffene Entſcheidung nach § 242 unanfechtbar iſt. Sonſt müßte ein ordentliches
Urtheil abgefaßt werden.

[1]) Auch von Bülow, Civilprozeßordnung, hält zu § 241 ein Zwiſchenurtheil
hier wenigſtens für möglich und angezigt.

stanz beim Widerspruch des Verklagten. Um jedoch andererseits nicht allzu rigoristisch zu werden, ist ferner verordnet,

1) daß unter Klageänderung nur eine wirkliche Aenderung des Klageantrags oder des Klagegrundes zu verstehen ist, während Ergänzungen, Berichtigungen, Erweiterungen u. s. w. nicht als solche zu betrachten sind (§ 240),

2) daß (in erster Instanz, in zweiter Instanz kann davon keine Rede sein) eine Einwilligung des Verklagten fingirt wird, wenn er auch bei wirklicher Aenderung sich in einer mündlichen Verhandlung auf die abgeänderte Klage eingelassen hat, ohne der Aenderung zu widersprechen (§ 241),

3) daß eine Anfechtung der Entscheidung, wonach eine Aenderung der Klage nicht vorliege, nicht stattfindet (§ 242) — dieser letztere § ist erst durch die Justiz-Kommission des Reichstags eingefügt und bezeichnet den weitgehendsten Erfolg der Ansicht, welche die Klageänderung in liberaler Weise begünstigt haben wollte.

Es ist hiernach soviel sicher: Der Verklagte muß in erster Instanz, sobald die Klage geändert wird, hiergegen protestiren, ehe er sich auf die abgeänderte Klage selbst in eine mündliche Verhandlung einläßt. Protestirt er nicht, so gilt er als einwilligend, und von Amtswegen darf die Klageänderung in erster Instanz nicht beanstandet werden.

Meyer und neben ihm auch Andere (z. B. Bolgiano in Busch's Zeitschr. für deutsch. Civilprozeß Bd. I. S. 47 ff.) fassen nun diesen Protest oder wenn man lieber will Einwand — das Gesetz braucht die Worte: „ohne der Aenderung zu widersprechen" — als prozeßhindernde Einrede auf.

Die Konsequenz davon wäre dann allerdings:

1) daß der Verklagte auf Grund dieses Einwandes die Verhandlung zur Hauptsache weigern und zunächst eine Entscheidung hierüber verlangen könnte,

2) daß das Gericht in diesem Fall (1) durch Urtheil nach § 248 erkennen müßte, ob eine Klageänderung vorliege oder nicht,

3) daß das Gericht auch, abgesehen von dem Fall sub 1, ein derartiges Urtheil erlassen müßte, wenn es auf Antrag (etwa des Klägers) oder von Amtswegen die abgesonderte Verhandlung über jene Frage der Klageänderung angeordnet hätte (§ 248).

4) Dieses Urtheil stände ganz unter den Regeln des § 248; es

wäre in Betreff der Rechtsmittel als Endurtheil anzuſehen, und
nur die Beſonderheit wäre vorhanden, daß das Urtheil, falls es
den Einwand der Klageänderung verwürfe, nach § 242 inappel=
label wäre.

Alle dieſe Folgeſätze fallen dagegen weg, wenn der Proteſt gegen
die Klageänderung nicht als prozeßhindernde Einrede aufzufaſſen iſt.
Und das iſt er gewiß nicht.

Als prozeßhindernde Einreden ſind „n u r“ anzuſehen, wie es
in § 247 ausdrücklich heißt, die ſechs dort aufgeführten Einreden,
worunter eine Einrede der Klageänderung nicht enthalten iſt. Es
iſt nach dem Wortlaute von § 247 („nur“ — grammatiſche Inter=
pretation) und nach der exzeptionellen Natur der prozeßhindernden
Einreden (logiſche Interpretation) abſolut unzuläſſig, das Verzeich=
niß des § 247 irgendwie auszudehnen. Wenn dies freilich z. B.
B o l g i a n o a. a. O. in dem Maße gethan hat, daß er ſogar die
geſpenſtige und chikanöſe exceptio libelli obscuri, dieſen wahren
groben Unfug des gemeinrechtlichen Prozeſſes, und die mittelalterliche
exceptio spolii aus der Rumpelkammer hervorgeſucht hat und als
prozeßhindernde Einreden ſtatuiren will: ſo zeigt dies nur, wie un=
fähig manche Theoretiker ſind, moderne Legislationen richtig zu ver=
ſtehen (vgl. gegen Bolgiano auch R e u l i n g in Heymanns Kritiſchem
Literaturblatt 1879 S. 23.)

Nun ſucht freilich M e y e r den Einwand der Klageänderung
doch auf dem Wege unter die prozeßhindernden Einreden zu bringen,
daß er ihn mit einer der als ſolche in § 247 zugelaſſenen Einreden
identifizirt, nämlich mit der Einrede der R e c h t s h ä n g i g k e i t (§ 247
Nr. 3), welche ſelbſtverſtändlich auch allein in Betracht kommen
könnte (die übrigen Einreden des § 247 ſind die der Inkompetenz,
Unzuläſſigkeit des Rechtswegs, mangelnden Sicherheit für die Pro=
zeßkoſten, noch nicht erfolgten Erſtattung der Koſten des früheren
Verfahrens, mangelnden Prozeßfähigkeit oder geſetzlichen Vertretung.)
Es iſt aber klar, daß der Einwand der unzuläſſigen Klageänderung
und derjenige der Rechtshängigkeit toto capite verſchieden ſind. Der
Einwand der Rechtshängigkeit hat nämlich den Sinn, daß ſich der
Verklagte gegen den Klageanſpruch darauf beruft, daß d e r ſ e l b e
Klageanſpruch bereits in einer anderen Klage erhoben und dadurch
in jenem anderen Prozeſſe anhängig ſei; er will, gerade wie die
exceptio rei judicatae, nur in einem früheren Stadium, das „ne

bis de eadem re" verwirklichen, nämlich das gleichzeitige bis, wäh=
rend die exceptio rei judicatae das bis nacheinander verwehrt; er
hat daher, wie die exceptio rei judicatae, die Identität der beiden
Anſprüche zur Vorausſetzung. Der Einwand der Klageänderung ſetzt
dagegen gerade die Verſchiedenheit beider Anſprüche voraus; er will
verhindern, daß ſtatt des früheren Klageanſpruchs jetzt ein anderer
ſubſtituirt wird; er hat mit der Einrede der Rechtshängigkeit Nichts
zu ſchaffen. Daß auch das Geſetz ſelbſt die Einrede der Rechts=
hängigkeit und den Proteſt gegen die Klageänderung als etwas ganz
und gar Verſchiedenes auffaßt, ergiebt ſich aus § 235, wo es heißt:

„Durch die Erhebung der Klage wird die Rechtshängigkeit der
Streitſache begründet.

Die Rechtshängigkeit hat folgende Wirkungen:

1) wenn während der Dauer der Rechtshängigkeit von einer Partei
die Streitſache anderweit anhängig gemacht wird, ſo kann der
Gegner die Einrede der Rechtshängigkeit erheben.

3) Der Kläger iſt nicht berechtigt, ohne Einwilligung des Beklag=
ten die Klage zu ändern."

Nach Allem iſt zweifellos der Einwand der Klageänderung keine
prozeßhindernde Einrede im Sinne der C.P.O. Hieraus folgt, daß
der Einwand prozeſſualiſch wie jeder andere Einwand zu behan=
deln iſt, alſo namentlich nicht den Verklagten berechtigt, die Ver=
handlung zur Hauptſache zu verweigern. Er muß nur vor dieſer
Verhandlung den Einwand anbringen, um nicht als einwilligend
zu gelten, aber er hat die Pflicht, gleichzeitig ſich zur Sache zu
erklären und zu verhandeln.

Allerdings läßt ſich nicht verkennen, daß der Einwand der Klage=
änderung ſeinem materiellen Inhalte nach von den eigentlichen
ſachdienlichen Einreden ſehr verſchieden iſt und viel mehr Verwandt=
ſchaft mit denjenigen Einreden hat, die in § 247 als prozeßhindernd
rezipirt ſind. Wie dieſe wendet auch er ſich nicht gegen den mate=
riellen Klageanſpruch ſelbſt, ſondern nur gegen deſſen prozeſſualiſche
Zuläſſigkeit; er bezweckt keineswegs, daß der Klageanſpruch unter=
ſucht und auf Grund der Unterſuchung dem Kläger ſachlich aber=
kannt wird, ſondern er will überhaupt die richterliche Prüfung aus=
ſchließen; er beſtreitet die Pflicht zur Einlaſſung, eine Prozeß=
vorausſetzung (Wetzell 3. Auflage S. 136 ff., Bülow, die

Prozeßvoraussetzungen). Ferner: Während alle wirklichen Einreden, seien sie rechtshindernde, rechtsvernichtende oder rechtsausschließende (römische Exzeptionen), auf Thatsachen beruhen, ist der Einwand der Klageänderung nur eine Rechtsdeduktion, die überhaupt nur wegen des Präjudizes des § 241 nöthig ist, abgesehen davon aber ganz wegfallen dürfte, wie denn auch in zweiter Instanz der Richter von Amtswegen diesen Punkt berücksichtigen muß. Endlich: Während wirkliche Sacheinreden regelmäßig eine Aberkennung des Klageanspruchs, also eine definitive Abweisung der Klage, (sei es auch nur — im Fall einer sachdilatorischen Einrede — auf Zeit) bezwecken, führt der Einwand der Klageänderung, wenn er begründet befunden wird, nur zur Abweisung in angebrachter Art und begründet daher keine exceptio rei judicatae (§ 293), vgl. die erste Abhandlung über die Abweisung angebrachter Maßen.

Vom rein logischen Gesichtspunkt aus hätte man daher den Einwand der unzulässigen Klageänderung allerdings unter die sog. prozeßhindernden Einreden aufnehmen müssen; es hätte hieran auch der Umstand nicht hindern können, daß dieser Einwand vielfach erst inmitten des eigentlichen Prozesses, vielleicht nach der Beweisaufnahme, veranlaßt wird; denn es kann dies ausnahmsweise auch bei wirklichen prozeßhindernden Einreden, z. B. derjenigen der sachlichen Inkompetenz, vorkommen (§ 467). Aber von demselben rein logischen Gesichtspunkte aus hätte man freilich auch jeden Einwand gegen die Begründung der Klage in der angebrachten Art, also namentlich die sog. exceptio libelli obscuri oder inepti, als prozeßhindernd gelten lassen müssen. Das wollte man aber eben aus guten Gründen nicht thun. Man hat daher nur bestimmte Einwendungen gegen das Vorhandensein der Prozeßvoraussetzungen positiv zu prozeßhindernden Einreden gemacht. Alle prozeßhindernden Einreden bestreiten die Prozeßvoraussetzungen; aber keineswegs sind alle nur die Prozeßvoraussetzungen bestreitenden Einreden prozeßhindernd.

Es ist aber andererseits daran festzuhalten, daß der Einwand der Klageänderung keine materielle Einrede ist, die als solche ja immer auf Thatsachen beruht (auch die Einrede der Verjährung z. B. beruht auf der Thatsache des Zeitablaufs) und niemals von Amtswegen berücksichtigt werden darf. Der Einwand der Klageänderung ist vielmehr lediglich eine Rechtsdeduktion, die ebendaher in zweiter und dritter Instanz ohne Schaden ganz wegbleiben kann, da sie von Amtswegen zu berücksichtigen ist und die nur für die erste In=stanz nothwendig ist wegen der rein positiven und auf Zweckmäßig=keitsgründen beruhenden Vorschrift des § 241.[2]) Dieser Karakter ist namentlich entscheidend für die Frage, ob über den Einwand der Klageänderung durch Zwischenurtheil entschieden werden kann.

II. Richterliche Entscheidung auf den Einwand der Klageänderung.

Findet das Gericht in der That, daß eine Klageänderung vor=liegt, und hat weiter — diese Voraussetzung gilt aber nur für die erste Instanz — der Verklagte dagegen protestirt: so muß das Ge=richt selbstverständlich Endurtheil erlassen, da ja die Sache für es zur Endentscheidung reif ist. Dieses Endurtheil muß die Klage in angebrachter Art abweisen; denn das Gericht ist nicht fähig, über den vorgebrachten sachlichen Anspruch selbst definitiv zu entscheiden, ihn zu= oder abzuerkennen, sondern es muß wegen Mangels der Prozeßvoraussetzung eines in einer schriftlichen Klage (§ 230) zur richterlichen Entscheidung gebrachten begründeten Klageanspruchs (da der in der schriftlichen Klage erhobene Anspruch fallen gelassen und der substituirte nicht in der Klageschrift erhoben ist) sein Urtheil weigern, i. e. die Klage in angebrachter Art abweisen.[3])

Wie aber, wenn der Richter den Einwand der Klageänderung für unbegründet hält?

[2]) Auch die Vorschrift des § 242 gilt m. E. nur für die erste Instanz. Läßt das Oberlandesgericht als Berufungsgericht eine wirkliche Klageänderung zu, so ist m. E. hiergegen das Rechtsmittel der Revision zulässig, falls dessen Voraussetzungen im Uebrigen vorliegen. Freilich nicht unzweifelhaft wegen der allgemeinen Fassung von § 485.

[3]) Wie die Kommentatoren, die der Ansicht sind, daß die Abweisung in an=gebrachter Art durch die C.P.O. beseitigt sei, in allen derartigen Fällen verfahren wollen, ist mir nicht erfindlich. Für den Sachverständigen ist diese Urtheilsart vielmehr gerade durch § 293 C.P.O. vorgeschrieben; man muß nur diesen Para=graphen zu verstehen wissen. Durch das Fragerecht des Richters, das sich innerhalb der Verhandlungsmaxime zu bewegen hat, dürfen und können selbstverständlich nur grobe Fälle von Gleichgültigkeit, Nachlässigkeit u. dergl. bei der Klagebegrün=dung ausgeschlossen werden. Sehr oft wird der klägerische Anwalt eben gerade den eingeschlagenen Weg der Klagebegründung versuchen wollen. Und wie will man es halten bei Häufung von unvereinbaren Klageansprüchen (z. B. Minderungs= und Wandelungsklage) u. dergl. mehr??

Daß er alsdann kein Zwiſchenurtheil des Inhalts, daß keine
Klageänderung vorliege, erlaſſen muß, folgt aus dem sub I Aus=
geführten. Denn nur das Zwiſchenurtheil des § 248 über prozeß=
hindernde Einreden iſt obligatoriſch, und der Einwand der Klage=
änderung iſt keine prozeßhindernde Einrede. Es fragt ſich daher
nur, ob er ein Zwiſchenurtheil des gedachten Inhalts erlaſſen kann.
Damit hängt die Frage zuſammen, in wieweit über den Einwand
der Klageänderung abgeſondert verhandelt werden kann. Beide
Fragen ſind nicht ſo einfacher Natur, als es auf den erſten Blick
ſcheinen könnte.

Ein Zwiſchenurtheil zwiſchen den Parteien kann, abgeſehen
von den Fällen des § 248 und 276 (welche beide Fälle man nur
ſehr uneigentlich als Zwiſchenurtheile bezeichnen kann, da ſie in
Wahrheit mehr Endurtheile über einen beſtimmten Theil des Rechts=
ſtreites ſind, daher auch der ſelbſtändigen Berufung und Reviſion
unterliegen) nach § 275 nur erlaſſen werden:

1) wenn ein Zwiſchenſtreit (Inzidentſtreit) zwiſchen den
   Parteien,
2) wenn ein einzelnes ſelbſtändiges Angriffs= oder Ver=
   theidigungsmittel zur Entſcheidung reif iſt.

Ueber den Inhalt und die Begrenzung beider Kategorien darf
ich im Allgemeinen auf die Ausführungen v. Bülows in deſſen
Gloſſen (Jahrgang 1878 von Gruchot's Beiträgen) verweiſen. Wie
v. Bülow hier nachweiſt, ſind (S. 815 a. a. O.)

1) Zwiſchenſtreitigkeiten zwiſchen den Parteien ſchwer poſitiv,
   dagegen jedenfalls negativ dahin zu definiren: daß ſie weder
   den Anſpruch ſelbſt, noch ein ſelbſtändiges Angriffs= oder Ver=
   theidigungsmittel zum Gegenſtand haben dürfen. Da nun
   der Einwand der Klageänderung unzweifelhaft in unmittel=
   barſter Weiſe den Klageanſpruch ſelbſt betrifft, deſſen Abweiſung
   angebrachter Maßen er intendirt, ſo läßt er ſich jedenfalls
   nicht unter die Rubrik eines Zwiſchenſtreits zwiſchen den Par=
   teien bringen. — Es fragt ſich daher nur,
2) ob der Einwand der Klageänderung etwa unter den Geſichts=
   punkt eines ſelbſtändigen Angriffs= oder Vertheidigungsmittels
   gebracht werden kann.

Nun ſind aber als ſolche ſelbſtändige Angriffs= oder Vertheidi=
gungsmittel im Sinn des Geſetzes nur ſelbſtändige Klagegründe,

Widerklagegründe, Einreden, Repliken und Dupliken aufzufaſſen
(§§ 137, 251, v. Bülow, S. 810 ff.). Es wird alſo immer ein
Theil des Thatſachen=Materials, und zwar ein ſelbſtändiger Theil der=
ſelben, vorausgeſetzt; ein ganzer Klagegrund, eine ganze Einrede u.
dergl. muß ſpruchreif ſein. Ueber einzelne Beſtandtheile eines Klage=
grundes oder einer Einrede (z. B. Aktivlegitimation u. ſ. w.; Be=
ſtellung — Abſendung — Preisvereinbarung u. dergl.) darf kein
Zwiſchenurtheil gefällt werden, ebenſowenig über eine einzelne Rechts=
frage. Wäre dies zuläſſig, ſo könnten in jedem Prozeſſe unendliche
Zwiſchenurtheile erlaſſen werden, der ganze Prozeß würde ſich da=
durch vielfach in eine Unzahl theoretiſcher Einzelentſcheidungen ver=
lieren.

Wie wir oben geſehen, iſt der Einwand der Klageänderung
keine Einrede; er iſt es nicht, weil er jedes thatſächlichen Körpers
entbehrt und daher in den höheren Inſtanzen von Amtswegen be=
rückſichtigt werden muß; er iſt nur eine Rechtsdeduktion und daneben
in erſter Inſtanz eine Proteſtation im civilrechtlichen Sinne.

Mithin könnte die Entſcheidung, wodurch der Einwand der un=
zuläſſigen Klageänderung verworfen wird, nur noch als Entſcheidung
über den Klagegrund in Betracht kommen, und dies iſt ſie ja
auch offenbar, indem ſie die prozeſſualiſche Zuläſſigkeit des Klage=
grundes oder Klageantrags feſtſtellt. Ihre juriſtiſche Bedeutung iſt
nicht negativer, ſondern poſitiver Natur und liegt eben in der Zulaſſung
des Klagegrundes. Wie wir aber oben geſehen, kann ein Zwiſchen=
urtheil nur über den ganzen Klagegrund, nicht über eine einzelne
That= oder Rechtsfrage deſſelben ergehen. Es iſt alſo z. B. unzu=
läſſig, die Frage, ob die Klage an ſich fundata iſt, durch Zwiſchen=
urtheil zu bejahen, wenn nicht gleichzeitig feſtgeſtellt wird, daß ſie
auch probata iſt; es widerſpräche durchaus dem § 275, etwa durch
Zwiſchenurtheil feſtzuſtellen, daß die Klage an ſich begründet ſei,
weil in concreto das Handelsgeſetzbuch anwendbar und daher die
Formloſigkeit des der Klage zu Grunde liegenden Vertrags unſchädlich
ſei, und dann gleichzeitig durch Beweisbeſchluß den beſtrittenen
mündlichen Abſchluß des Vertrags feſtzuſtellen. Vielmehr muß erſt
dieſes Beweisverfahren ſtattfinden und kann dann erſt, wenn der
ganze Klagegrund ſpruchreif iſt, derſelbe durch Zwiſchenurtheil als
feſtgeſtellt deklarirt werden. Ferner wäre es ebenfalls unzuläſſig,
etwa durch Zwiſchenurtheil feſtzuſtellen, daß die vorliegende Klage

hinreichend ſubſtanziirt, alſo in angebrachter Art begründet ſei, wenn
der Klagegrund ganz oder theilweiſe faktiſch beſtritten wäre. Aus
denſelben Gründen iſt dann auch ein Zwiſchenurtheil des Inhalts,
daß der Klagegrund prozeſſualiſch zuläſſig, d. h. daß der Ein=
wand der Klageänderung zu verwerfen, entſchieden ausgeſchloſſen.
Dieſe materielle Entſcheidung darf vielmehr nur einen Entſcheidungs=
grund des demnächſtigen End= oder Zwiſchenurtheils (über den ganzen
Klagegrund) bilden.[4])

    Hieran ſchließt ſich von ſelbſt die Beantwortung der Frage, in=
wiefern über den Einwand der Klageänderung abgeſondert verhandelt
werden kann (daß nicht abgeſondert verhandelt zu werden braucht,
ergiebt ſich daraus, daß der Einwand der Klageänderung keine
prozeßhindernde Einrede iſt). Abgeſonderte Verhandlung kann das
Gericht (auf Antrag oder von Amtswegen) anordnen über ein ein=
zelnes ſelbſtändiges Angriffs= oder Vertheidigungsmittel, alſo
einen Klagegrund, eine Einrede u. dergl. (§ 137), nicht aber über
eine einzelne That= oder Rechtsfrage, wenn dieſelbe nicht etwa das
Subſtrat eines Zwiſchenſtreites bildet. Es ergiebt ſich daraus, daß
bloß über den Einwand der unzuläſſigen Klageänderung allein keine
abgeſonderte Verhandlung nach § 137 angeordnet werden darf,
wohl aber in Folge dieſes Einwandes über den betreffenden Klage=
grund, bei dem der Einwand erhoben wird. Ob das Gericht in
dieſer Weiſe eine abgeſonderte Verhandlung über den betreffenden
Klagegrund ſtattfinden laſſen will, hängt freilich ganz von ſeinem
Ermeſſen ab und wird lediglich dadurch bedingt ſein, ob der Ein=
wand der Klageänderung nicht von vornherein ganz unbegründet
erſcheint. Hat aber auch eine abgeſonderte Verhandlung ſtattgefunden,
ſo iſt doch demnächſt das Gericht keineswegs gebunden, nun auch
ein Zwiſchenurtheil zu erlaſſen; denn die Erlaſſung eines ſolchen iſt
in den Fällen des § 275 und § 137 immer fakultativ. Es erſcheint
daher allerdings ganz zweckmäßig, in Folge eines Einwandes der
Klageänderung, wenn derſelbe nicht prima vista ganz unbegründet
iſt, eine abgeſonderte Verhandlung über den Klagegrund nach § 137
zu beſchließen; entſcheidet ſich das Gericht ſpäter bei der Berathung
dafür, daß keine Klageänderung anzunehmen ſei, ſo kann es ja ſofort

---

    [4]) § 242 bildet mithin eine Ausnahme von dem Grundſatz des § 293, daß
regelmäßig die Entſcheidungsgründe nicht rechtskräftig werden ſollen.

nach § 141 die angeordnete Absonderung wieder aufheben und be=
schließen, daß zur ganzen Sache zu verhandeln sei.

Mithin muß es in dem Meyer'schen Beispiel etwa so gehalten
werden:

„B. Ich protestire zunächst gegen die Klageänderung und bean=
trage, die Klage in angebrachter Art abzuweisen. (Uebergiebt des=
fallsigen schriftlichen Antrag.) Der schriftlichen Klage liegt ein in
einer Summe hingegebenes Darlehn zu Grunde, jetzt sollen nur
200 Mark baar hingegeben sein. Ich stelle anheim, ob über den
Klagegrund zunächst abgesondert verhandelt werden soll.

A. Ich bitte den Einwand und demgemäß den Antrag auf
Abweisung in angebrachter Art zu verwerfen. Mit Rücksicht auf
die bekannten civilrechtlichen Grundsätze über die Art der Darlehns=
hingabe und § 240 Nr. 1 C.P.O. liegt keine Klageänderung vor.
Ich halte daher auch eine abgesonderte Verhandlung für überflüssig,
gebe übrigens dies ganz dem Gericht anheim.

Vorsitzender (nach Rücksprache mit den Beisitzern oder auch
nach Berathung mit denselben im Berathungszimmer)
entweder:

Das Gericht beschließt, ohne abgesonderte Verhandlung zur
ganzen Hauptsache weiter zu verhandeln,

(damit ist bereits implicite der Einwand der Klageänderung
verworfen)
oder:

Das Gericht beschließt, zunächst abgesondert über den Klage=
grund zu verhandeln. In letzterem Fall würde dann die Sache
etwa so weiter gehen:

B. Der § 240 Nr. 1 findet keine Anwendung, weil es sich
hier nicht um Ergänzung oder Berichtigung desselben Klagegrundes
handelt, sondern weil in Betreff der 400 Mk. ein ganz anderer Klage=
grund, nämlich Novation, eingeführt wird. Zur Sache bestreite ich
übrigens auch das neue Vorbringen, es hat keine derartige Berech=
nung stattgefunden, sondern es fanden nur Verhandlungen statt,
die zu keinem Resultate führten.

A. Das Letztere ist nicht wahr, ich beharre bei meiner Angabe
und benenne noch als Zeugen 2c.

Vorsitzender: Das Gericht wird Beschluß fassen.

(Nach Berathung mit den Beisitzern):

Das Gericht beschließt, unter Wiederaufhebung der Absonderung zur ganzen Hauptsache weiter zu verhandeln.

[Würde der Einwand für begründet befunden: Es ist für Recht erkannt, daß die Klage bezüglich der 400 Mark in angebrachter Art abzuweisen. (Theilurtheil). Im Uebrigen soll zur ganzen Hauptsache weiter verhandelt werden]".

Ein Zwischenurtheil, wodurch die Einrede der Klageänderung verworfen wird, ist also nicht zu konstruiren. Es ist auch in der That praktisch ganz überflüssig, da ja in dem Beschlusse, zur Hauptsache weiter zu verhandeln, deutlichst die materielle Verwerfung ausgesprochen liegt und die Abfassung eines inappellablen Zwischenurtheils nur unnöthige Arbeit machen würde. Denn der Aushelf Meyer's, die Anwälte auf Ausarbeitung des Zwischenurtheils verzichten zu lassen, scheint mir unzulässig; die Vorschrift, daß alle Urtheile, auch alle Zwischenurtheile, mit Thatbestand, Gründen, Formel u. s. w. abgefaßt werden müssen, ist publici juris und es darf daher m. E. nicht darauf verzichtet werden können. Der Hauptvortheil der Zwischenurtheile, daß dadurch ein wesentlicher Theil des thatsächlichen Materials ausgeschlossen und abgeschlossen wird, indem namentlich jetzt hier keine nova mehr vorgebracht werden können (§ 251 Abs. 1), fiele naturgemäß bei einem Zwischenurtheil, daß die Einrede der Klageänderung zu verwerfen, von selbst weg, da es sich ja hierbei nicht um Thatsachen und zukünftige nova, sondern nur um eine Rechtsfrage handelt. Der einzige praktische Vortheil des Zwischenurtheils läge also hier darin, daß das Gericht nicht etwa in Zukunft, namentlich bei anderer Zusammensetzung, auf den Einwand der Klageänderung zurückgreifen und noch etwa hinterher die Klage in angebrachter Art abweisen könnte (§ 289), und daß also auch der Verklagte später nicht mehr auf diese Frage bei seinen Deduktionen zu sprechen kommen würde. Das Letztere ließe sich indessen leicht ertragen, und die Gefahr, daß das Gericht nach vollständiger Instruktion, Beweiserhebung u. s. w. nochmals auf den Einwand der Klageänderung zurück kommen sollte, ist bei praktischen und verständigen Richtern wohl eine sehr geringe. Nach Allem würde sich also ein Zwischenurtheil der gedachten Art nicht einmal empfehlen, selbst wenn es zulässig wäre.

Wenn wir resumiren, haben wir gefunden, daß ein Zwischenurtheil, wodurch die Einrede der Klageänderung verworfen wird,

1) weder vorgeſchrieben,
2) noch zuläſſig,
3) noch auch nur räthlich vom praktiſchen Standpunkt iſt.

Vielmehr hat das Gericht dieſe materielle Entſcheidung in dem Beſchluſſe: „zur Hauptſache weiter zu verhandeln" zu ver- körpern und ſie erſt in dem endlichen End=, Theil= oder auch Zwi- ſchenurtheil (über den ganzen Klagegrund) als materiellen Entſchei- dungsgrund (der ausnahmsweiſe unanfechtbar iſt, § 242) aufzu- nehmen.

Es erübrigt noch die letzte Frage:

Wenn nun gleichwohl — freilich inkorrekter Weiſe — ein Zwi- ſchenurtheil des gedachten Inhalts erlaſſen wird: hat daſſelbe die Wirkung eines echten Zwiſchenurtheils, iſt alſo das Gericht bei ſeinem ſpäteren Endurtheil hieran gebunden (§ 289), oder muß man ſagen: es liegt wegen mangelnder Vorausſetzungen des § 275 über- haupt gar kein wahres, ſondern nur ein Schein=Zwiſchenurtheil vor, das deshalb auch nicht weiter zu reſpektiren iſt?

Die Frage iſt eine wichtige, — nicht ſowohl in ihrer Anwen- dung auf die Einrede der Klageänderung, denn hier wird ſie bei praktiſchen Richtern ſelten praktiſch werden — ſondern in ihrer All- gemeinheit in Betreff der Zwiſchenurtheile überhaupt. Denn es läßt ſich voraus ſehen, daß ſehr häufig der § 275 unrichtig verſtanden und unrichtig angewandt werden wird, indem man, wozu ja oft die Gelegenheit und Verſuchung ſo nahe liegen, Zwiſchenurtheile über einzelne Beſtandtheile eines Klagegrundes oder einer Einrede oder gar über einzelne entſcheidende Rechtsfragen erlaſſen wird, während, wie wir eben geſehen, dies unzuläſſig iſt und nur über vollſtän- dige ſelbſtändige Klagegründe, Einreden, Widerklagegründe, Re- pliken u. ſ. w. Zwiſchenurtheil erlaſſen werden darf. Der theoretiſche Fehler wird ſich dann bei der Endentſcheidung oft ſehr derb und handgreiflich bemerklich machen; es wird ſich dann oft zeigen, daß man derartige Zerſplitterungen eines Ganzen nicht ungeſtraft vor- nimmt und es wird dem Richter, der ſchließlich das Endurtheil zu ſprechen hat, ſehr oft die Frage nahetreten, ob er denn an ein ſol- ches zu Unrecht erlaſſenes Zwiſchenurtheil wirklich gebunden ſei?

Ich glaube aber, er muß ſich in das Unabänderliche fügen, ſo ſehr es ihm im einzelnen Falle auch widerſtrebt. Man kann m. E. nicht argumentiren, daß ein Zwiſchenurtheil, das überhaupt nicht hätte

ergehen dürfen, nun auch rechtlich als gar kein Zwiſchenurtheil,
ſondern gleichſam als sententia nulla, als Scheinexiſtenz, zu betrach=
ten ſei. Das kann man m. E. bei einem Zwiſchenurtheil ebenſowenig
ſagen, als bei einem zu Unrecht ergangenen Theil= oder Endurtheil.
Das Urtheil, auch das Zwiſchenurtheil, iſt einmal in der Welt; es
beſteht formell in Kraft; und es muß daher von dem ſpäteren Rich=
ter in derſelben Inſtanz nach § 289 reſpektirt werden.   So meine
Anſicht; ich gebe zu, daß auch Gegenargumente geltend gemacht
werden können, die aber m. E. alle nur ſcheinbar treffen; die er=
ſchöpfende Behandlung der Frage muß einer anderen Stelle vorbe=
halten bleiben.

Iſt alſo einmal, nach dem Meyer'ſchen Beiſpiele, ein Zwiſchen=
urtheil ergangen, daß die Einrede der Klageänderung zu verwerfen:
ſo muß dies Urtheil allerdings in der Inſtanz aufrecht bleiben reſp.
bindet den ſpäteren Richter derſelben Inſtanz.   Und würde der=
ſelbe etwa beim Endurtheil davon abgehen und den neuen Klage=
grund verwerfen: ſo würde dagegen mit Recht die Berufung reſp.
die Reviſion wegen Verletzung des § 289 begründet ſein. Das Ur=
theil wäre vom höheren Richter wegen Verletzung des § 289 um=
zuſtoßen und der betreffende Klagegrund für zuläſſig zu erklären,
ſelbſt wenn der höhere Richter materiell das Vorhandenſein einer
Klageänderung beſtätigen müßte.   Denn an einer materiellen Re=
formation wäre er durch § 242 C.P.O. gehindert.

III. Beſondere Fälle.

1) Bei unſeren bisherigen Betrachtungen ſind wir von dem ein=
fachen Beiſpiele Meyer's ausgegangen, wonach nur ein Klagefunda=
ment in Rede war und dieſes nachträglich modifizirt iſt.   Wir fan=
den, daß auf den Einwand der Klageänderung, falls er begründet
befunden wird, die Klage in angebrachter Art abgewieſen werden
muß, falls er unbegründet befunden wird, aber keineswegs die Ein=
rede der Klageänderung durch Zwiſchenurtheil zu verwerfen iſt, ſon=
dern einfach beſchloſſen werden muß, zur Sache weiter zu verhan=
deln.   Hiernach ſcheint es alſo, als ob der Einwand der Klageände=
rung überhaupt gar kein Zwiſchenurtheil veranlaſſen könne.   Dies
iſt jedoch nicht richtig, ſondern es iſt ein Zwiſchenurtheil des In=
halts denkbar, daß der Einwand der Klageänderung für begründet
befunden wird. Dies iſt nämlich dann der Fall, wenn zur Begrün=

dung des nämlichen Petitums zwei oder mehr Klagegründe erhoben
sind und einer davon verändert wird. Es kann dann kein Endurtheil
ergehen, wodurch die ganze Klage in angebrachter Art abgewiesen
wird, weil der andere, nicht geänderte Klagegrund noch vorliegt;
wohl aber kann nach § 275 ein Zwischenurtheil dahin erlassen wer=
den, daß die Klage, insoweit sie sich auf den geänderten Klagegrund
stützt, in angebrachter Art abzuweisen resp. hier der Einwand der
Klageänderung für begründet zu erklären sei. Selbstverständlich wird
aber hierbei vorausgesetzt, daß die beiden Klagegründe in eventueller
Reihenfolge das ganze Petitum stützen, während im Fall objektiver
Klagenhäufung (mehrere petita mit je einem Klagegrund) kein Zwi=
schenurtheil, sondern Theilurtheil zu erlassen ist.

2) Sodann ist noch zu beachten, daß mit der Klageänderung
gleichzeitig häufig auch eine theilweise Zurücknahme der Klage
konkurriren kann. Und zwar wird dieselbe meistens nicht nur gleich=
zeitig konkurriren, sondern es wird in der Klageänderung eo ipso
eine Zurücknahme der ursprünglichen Klage liegen, statt welcher num=
mehr die neue Klage erhoben wird. Freilich kann dies nur bei der
eigentlichen Klageänderung vorkommen, während bei der erlaubten
uneigentlichen (§ 240), also wenn das Klagefundament nur ergänzt,
der Klageantrag nur erweitert wird u. s. w., ja die nämliche eine
ursprüngliche Klage aufrecht erhalten bleibt.

Ueber die Zurücknahme der Klage bestimmt der § 243 C.P.O.
Abs. 1:

„die Klage kann ohne Einwilligung des Beklagten nur bis
zum Beginn der mündlichen Verhandlung des Beklagten zur
Hauptsache zurückgenommen werden.“

Hiernach liegt der Zeitpunkt, bis wohin die Klage einseitig zu=
rückgezogen werden kann, weit später, als derjenige, bis wohin sie
geändert werden kann. Eine Aenderung ist gegen den Willen des
Verklagten nur vor Zustellung der Klage zulässig, während eine Zu=
rücknahme ohne seine Einwilligung auch noch nach der Zustellung
der Klage, während des Schriftenwechsels und überhaupt so lange
beliebig stattfinden darf, als nicht schon der Verklagte angefangen
hat, zur Hauptsache[5]) mündlich zu verhandeln.

---

[5]) Das Vorschützen prozeßhindernder Einreden ist noch keine Verhandlung zur
Hauptsache.

Somit kann z. B. im erſten Audienztermin, ehe der Verklagte
noch begonnen hat, zur Hauptſache zu verhandeln, der Kläger ein=
ſeitig die ganze Klage zurücknehmen; ebenſo bis dahin ſelbſtverſtänd=
lich auch einen einzelnen Klagegrund. Wenn alſo hier Kläger,
indem er die Klage ändert, die urſprüngliche Klage zurücknimmt,
ſo kann der Verklagte zwar gegen die Klageänderung, d. h. gegen
die Zulaſſung der geänderten neuen Klage, nicht aber gegen die
gleichzeitige oder implicite erfolgte Zurücknahme der urſprünglichen
Klage proteſtiren. Die Zurücknahme der Klage iſt nicht mit dem
Verzicht auf den Klageanſpruch zu verwechſeln; durch erſtere wird
die Klage nur prozeſſualiſch zurückgezogen und kann jederzeit wieder
aufgenommen werden.[6]) Iſt alſo in einem ſolchen Falle die Klage=
änderung eine unzuläſſige, ſo genügt die Abweiſung angebrachter
Maßen als Formel für Beides, da ja durch ſie weder der urſprüng=
lichen noch der neuen Klage materiell präjudizirt wird. Will man
ganz präziſe ſein, ſo muß man freilich auch hier unterſcheiden und
die Norm etwa dahin faſſen: 1) daß es bei der Zurücknahme der
Klage aus dem urſprünglichen Fundamente ſein Bewenden zu be=
halten; 2) daß die Klage aus dem geänderten Fundamente in an=
gebrachter Art abzuweiſen. Wird gegen die Klageänderung nicht
proteſtirt, ſo behält es bei der Zurücknahme der urſprünglichen Klage
ſein Bewenden und es wird über die neue Klage als nunmehr
alleinige verhandelt und entſchieden.

Hat hingegen ſchon die mündliche Verhandlung des Verklagten
zur Hauptſache begonnen, ſo hat der Verklagte ein Recht darauf,
daß das judicium coeptum durch Urtheil entſchieden wird (judicio
contrahitur). Es kann daher alsdann nur mit ſeiner poſitiven Ein=
willigung die Klage zurückgenommen werden. Dieſer Fall tritt
alſo namentlich bei allen ſpäteren Terminen, ſpeziell nach der Be=
weisaufnahme, ein. Wird hier eine unzuläſſige Klageänderung
vorgenommen, gegen dieſelbe proteſtirt und in die Zurücknahme der
urſprünglichen Klage nicht eingewilligt,[7]) ſo muß die geänderte Klage

---

[6]) Wegen der Koſten vgl. § 243 Abſ. 3 und 4.

[7]) Man beachte, daß die Klageänderung ſchon zuläſſig iſt, wenn dagegen nicht
proteſtirt wird, die Zurücknahme erſt zuläſſig, wenn der Verklagte hierin ein=
willigt. Die Einwilligung muß alſo poſitiv ſein. Doch iſt damit nicht aus=
geſchloſſen, daß ſie nicht auch durch konkludente Handlungen, alſo ſtillſchweigend,

in angebrachter Art abgewieſen werden, was alsbald durch Zwiſchen=
urtheil geſchehen kann (vgl. Nr. 1), wogegen über die urſprüngliche,
obgleich zurückgenommene Klage ſachlich und kontrabiktoriſch ent=
ſchieden werden muß.

Wird hingegen in dieſem Zeitpunkt gegen die Klageänderung
nicht proteſtirt, aber auch in die Zurücknahme der urſprünglichen
Klage nicht eingewilligt,[8] ſo muß ſowohl über die urſprüngliche als
über die neue Klage ſachlich verhandelt und entſchieden werden.

erfolgen kann, was quaestio facti iſt. Das richterliche Fragerecht wird hier eine
Rolle ſpielen.

[8] Dieſer Fall wird freilich ſeltener vorkommen, da in dem Nicht=Proteſt gegen
die Klageänderung thatſächlich meiſt auch eine poſitive Einwilligung in die inſo=
weite Zurücknahme der urſprünglichen Klage liegen wird. Doch braucht dies nicht
immer der Fall zu ſein.